LA BANDA DE
PiCa PaUz

Fotografía: Yan Schenkel y Matías Gorostegui
Ilustraciones: Yan Schenkel
Diseño gráfico: Meteoor books
Diseño de la cubierta: Yan Schenkel

Revisión de estilo: Anna Ubach Royo

1ª edición, 5ª tirada, 2023

Cualquier forma de reproducción, distribución, comunicación pública o transformación de esta obra solo puede ser realizada con la autorización de sus titulares, salvo excepción prevista por la ley. Diríjase a CEDRO (Centro Español de Derechos Reprográficos, www.cedro.org) si necesita fotocopiar o escanear algún fragmento de esta obra.

La Editorial no se pronuncia, ni expresa ni implícitamente, respecto a la exactitud de la información contenida en este libro, razón por la cual no puede asumir ningún tipo de responsabilidad en caso de error u omisión.

© textos e imágenes: Yan Schenkel 2020
para la edición castellana:
© Editorial GG, SL, Barcelona, 2020

Printed in Spain
ISBN: 978-84-252-3300-5
Depósito legal: B. 15643-2020
Impresión: Cachimán Gráfic
(Barcelona)

Editorial GG, SL
Via Laietana 47, 3.º 2.ª, 08003 Barcelona, España.
Tel.: (+34) 933 228 161

YAN SCHENKEL

LA BANDA DE

Pica Pau 2

20 nuevos amigurumis

ÍNDICE

- 6 **INTRODUCCIÓN**
- 9 Cuando tejan mis patrones
- 10 **MATERIALES Y HERRAMIENTAS**
- 10 Aguja de crochet o gancho
- 12 Tamaños/numeración
- 12 Equivalencias de las agujas de crochet
- 13 Hilos
- 13 Algodón
- 13 Lanas
- 13 Fibras sintéticas
- 14 Grosor/peso
- 15 Otras herramientas y materiales esenciales
- 16 **LA TENSIÓN EN LAS PRENDAS Y ACCESORIOS: HACER UNA MUESTRA**
- 18 **INTRODUCCIÓN AL CROCHET**
- 18 Sujetar la aguja de crochet y la hebra (posición de la mano)
- 18 Como un lápiz
- 18 Como un cuchillo
- 18 Sujetar el hilado
- 18 **LOS PUNTOS**
- 19 Nudo corredizo
- 19 Punto cadena/cadeneta (abreviatura: p cad)
- 20 Cadena base
- 20 Cadena de vuelta
- 20 Insertar la aguja (ubicación de los puntos)
- 21 Punto enano/raso/deslizado (abreviatura: p enano)
- 21 Unir un anillo de puntos cadena con 1 p enano (cad base para tejido tubular)
- 22 Medio punto/punto bajo (abreviatura: mp)
- 22 En hileras (tejido plano, ida y vuelta)
- 23 En espiral (tejido tubular, en vueltas)
- 23 Diferencia entre el mp *V* y el mp *X*
- 24 Punto media vareta/punto medio alto (abreviatura: pmv)
- 24 En hileras (tejido plano, ida y vuelta)
- 26 Punto vareta/punto alto (abreviatura pv)
- 26 En hileras (tejido plano, ida y vuelta)
- 27 Punto mota/punto piña (abreviatura: p mota)
- 28 Punto musgo (abreviatura p musgo)
- 28 En hileras (tejido plano, ida y vuelta)
- 29 Punto mimbre/ratán/*basket spike stitch*
- 29 Medio punto espiga (abreviatura: p espiga)
- 29 En espiral (tejido tubular)
- 30 Medio punto elástico/punto bajo elástico (abreviatura mp elástico)
- 31 Aumentos y disminuciones
- 31 Aumentos (abreviatura: aum)
- 31 Disminuciones (abreviatura: dism)
- 32 Tejer en espiral
- 32 Anillo mágico (círculo ajustable/anilla)
- 34 Tejer a ambos lados de la cadena base
- 35 Cambio de color y unión de hebras
- 36 Jacquard y *tapestry*
- 37 Finalizar el trabajo
- 37 Cortar la hebra
- 37 Rematar
- 38 Bordar
- 39 Unir partes (coser)
- 39 Unir piezas abiertas
- 39 Unir una pieza con un extremo abierto a una pieza cerrada
- 40 **LEER UN PATRÓN**
- 40 Paréntesis y corchetes
- 42 **PATRONES**
- 44 Logan Koala
- 50 Darwin Tortuga
- 56 Satsuki Gata
- 62 Mario Mapache
- 68 Agatha Abeja
- 74 Newton Lechuza
- 80 Otis Perezoso
- 86 Henriette Cebra
- 92 Luisa Elefanta
- 100 Anderson Foca
- 106 James Pato
- 112 Philip Langosta
- 120 Lupita Mona Araña
- 126 Monty Tamandúa
- 134 Javier Cabra
- 140 Nira Tigresa
- 146 Sebastian León
- 154 Thomas Aguará Guazú
- 162 Ada Corderita
- 168 Elena Cierva
- 175 AGRADECIMIENTOS

INTRODUCCIÓN

Todavía no puedo creer haber terminado mi tercer libro. Es casi surreal. Y tampoco puedo creer que escribir las palabras preliminares siga siendo una de las partes más difíciles. ¡Me encantaría contarles tantas cosas…! Expresarles mi gratitud, hablarles de la emoción que siento por esta nueva oportunidad, transmitirles un enorme "muchísimas gracias" entre lágrimas a quienes me apoyan desde siempre (sí, ¡me refiero a ustedes!), y tomar una gran bocanada de aire y suspirar aliviada ahora que mi trabajo está acabado (pero… ¿alguna vez se termina?).
De nuevo, hacer un libro ha sido una montaña rusa de emociones.

Probablemente, intentar que esta introducción fuese simple y clara sería más fácil para todos, pero no me sale la faceta comercial y el valor emocional del libro que tienen delante de ustedes es tan grande para mí que, si no me cuido un poco, las palabras seguirán apareciendo y tropezándose unas con otras. Así que intentaré frenar un poco el flujo para no que no se pierdan en mi un tanto vertiginosa corriente de sentimientos encontrados.

En mi libro anterior ya les conté mis comienzos y cómo es mi vida alrededor del crochet, por lo que me centraré en el nacimiento de esta criatura (si no tienen el volumen anterior, ¡deberían comprarlo ya!… Después de todo, quizá sí tenga habilidades comerciales).
Para mí, escribir estos libros comienza con un impulso casi incontenible de expandir mi mundo de personajes que quieren ser hilo y vellón; es la necesidad de hacer, tejer y compartir lo que hago. Este que están leyendo lo comencé mientras gestaba a otro ser, embarazada de cuatro meses de Luisa, mi tercera criatura humana (que mientras escribo estas palabras está a punto de cumplir dos años). No pretendo edulcorar la situación ni ocultar el estrés, los dolores de cabeza, la falta de sueño que me acompañó en esos meses… Lo sé, todo esto va ligado a las delicias de ser madre, pero también pesaron mucho en mis ganas (y tiempos) de tejer y escribir. Sin embargo, y para mi sorpresa, fui aprendiendo a golpes que, a veces, sentirse un poco atascada y frustrada puede transformase en impulso, en una energía que brota del interior de uno mientras repetimos, cual mantra: "Yo voy a poder con esto…, yo puedo con esto". Y así aprendemos, paramos, volvemos a empezar y nos animamos a avanzar tanto en el crochet como en la vida.

En un libro de Tina Fey —comediante norteamericana, escritora, productora y muchas cosas más— hay un capítulo en el que habla sobre sus altísimos niveles de estrés mientras trabajaba como la primera mujer productora en el icónico programa de comedia *Saturday Night Live*. Página tras página, describe sus interminables horas de trabajo, su falta de sueño, su ansiedad y la necesidad de satisfacer siempre las expectativas del otro antes que las propias… Después nos muestra un diagrama en el que compara sus niveles de estrés con los niveles que manejan mineros, médicos e incluso empleados de restaurantes de comida rápida un viernes por la noche. Creo que no es necesario aclarar que se reía a carcajadas de lo ridículas que resultaban sus quejas y su estrés al lado de lo que sentían todas esas otras personas. Pero, aún sabiendo que hay muchísimos trabajos más estresantes, entiende que quejarse de vez en cuando es sano, que el hecho de que otras tareas tengan más presión no implica que uno no pueda sentirse sobrepasado por las propias. A menudo, en demasiadas ocasiones, siento lo mismo.

Todos estamos acá intentando dar lo mejor, especialmente cuando tenemos que hacer malabares para lidiar con la crianza de niños que nos demandan estar siempre alerta y que ponen a prueba los límites de todo lo que los rodea (incluidos nosotros mismos). Así que esta introducción, el libro entero, es también un pequeño homenaje, una forma de reconocimiento, a todas y todos los que trabajan duro día a día, lejos de las redes sociales: sepan que están haciendo un gran trabajo, que todo esfuerzo para mantenerse en pie, para seguir hacia delante, es increíble, aun cuando no lo muestren o compartan con el mundo entero.

Desde fuera, en ese primer plano virtual, mi trabajo puede parecer muy romántico y debo confesar que vivo luchando contra ese concepto, porque realmente es un trabajo como cualquier otro, con días buenos y días que uno preferiría olvidar. En las redes sociales, uno se encuentra con cientos de imágenes idílicas, manos perfectamente cuidadas que sostienen grácilmente una aguja de crochet, mientras que una perfecta y humeante taza de café enmarca la escena. Vemos los hilos más hermosos, las mascotas que posan para la foto y una luz casi sublime que aporta a la escena el filtro perfecto. No vemos el dolor de espalda después de un largo día tomando fotografías, las manos agrietadas o el agotamiento acumulado al intentar que los hijos se mantengan entretenidos mientras uno se enfrenta a su larga lista de tareas pendientes. Ninguna de estas cosas aparece en la imagen, pero siempre lo está, justo ahí donde nadie mira o nadie quiere mirar.

Pero soy una mujer con suerte, no me puedo quejar. Bueno, sí, siempre me puedo quejar. Nací en Argentina, así que expresar lo que siento sin tapujos está en mi sangre (de hecho, quejarnos podría ser nuestro deporte nacional).

Sin embargo, ahora, y con cierta perspectiva, recuerdo el diagrama del libro que les mencioné y los mensajes de cariño y apoyo de todas las personas que tejen mis personajes, me muestran con orgullo su trabajo y comparten sus logros y sus alegrías, permitiéndome ser parte de sus vidas como mamá/maestra orgullosa de su trabajo. Y simplemente no puedo quejarme. Solo puedo estar agradecida.

Agradecida por todo lo que este trabajo me ha dado, lo bueno que ha sido conmigo. Me ha permitido expresarme de manera creativa, conocer a gente maravillosa en todo el mundo y darle sustento a mi familia mientras diseño y tejo mis peculiares criaturas.

Agradecida por la oportunidad de estar escribiendo estas palabras, por tener una familia que me apoya y no le molestan (mucho) las enormes cantidades de hilos y muñecos sin terminar que ocupan cada rincón de la casa.

Agradecida por ser parte de este enorme grupo de personas, artesanas y artesanos que se apoyan mutuamente, celebran y disfrutan los logros de cada uno y del otro.

Agradecida por las personas que, antes de consultarme sus dudas sobre un patrón o una técnica, me preguntan cómo estoy, me dan un consejo o incluso me ofrecen su ayuda para probar un nuevo patrón o traducir otro.

Agradecida por mi gran familia extendida que, junto con la familia que vive bajo mi techo, me alienta a diario a seguir adelante con este increíble trabajo de inventar criaturas que ustedes reciben con los brazos abiertos y tanto cariño.

Así que, sin más, haciendo un gran esfuerzo para no seguir hablando, los dejo con este, mi tercer libro. ¡Nada me hace más feliz ahora que saber que ha llegado a sus manos!

Y, porque mi *nerd* (no tan) interno nunca se cansa: espero que este libro sea un digno sucesor, mi *Imperio contraataca* (en lugar de mi *Ataque de los clones*).
¡Disfrútenlo!

Cuando tejan mis patrones
Al igual que me pasó con los anteriores, pensé este libro como un recorrido de aprendizaje, agregando un pequeño desafío en cada muñeco para que, al final de sus páginas, se sientan cómodos tejiendo lo que quieran.
Les mostraré mi forma de hacer muñecos, mis trucos... y algunos hábitos un tanto cuestionables: sostengo la aguja como si fuera un cuchillo (lo que se ve bastante feo en las fotos), hago algunos puntos de forma poco convencional (el ya muy conocido mp X), prefiero coser el hocico antes de rellenar el cuerpo del muñeco y no me gusta la disminución "invisible". Pero esa soy yo. Siempre pueden encontrar otras formas de lograr los mismos, o mejores, resultados.

Si conocen todo lo que hay que saber sobre tejer muñecos, o si hoy se sienten valientes, pueden comenzar con cualquier personaje. Pero si recién están comenzando o aún no han alcanzado ese nivel de confianza, les recomiendo encarecidamente que tejan los muñecos en el orden que les sugiero. Con cada patrón aprenderán algo nuevo, algo extra que les permitirá comenzar el siguiente armados con todas las herramientas necesarias para que puedan adquirir nuevas técnicas sin sentirse (tan) frustrados. Esta es mi forma de ayudarlos a que esta aventura en el mundo del crochet sea lo más placentera posible.
Recuerden siempre que ser pacientes y prestar atención a lo que están haciendo es tan importante (o más) como las herramientas y los materiales que estén utilizando.

También debo advertirles algo: mis muñecos son grandes. Utilizo un hilado más bien grueso y me gusta tejer criaturas lo suficientemente grandes como para que los detalles no se pierdan entre los puntos. Utilizo menos de 100 g por color principal y relativamente pequeñas cantidades de los colores secundarios. Sin embargo, no se sientan atados a mis elecciones de hilado y colores. Yo utilicé algodón peinado de grosor mediano (*worsted*) para la mayoría de mis personajes, pero pueden usar cualquier grosor de algodón, acrílico o lana (siempre y cuando no olviden utilizar la aguja de crochet adecuada).

Cada patrón puede ser un punto de partida para otro. Jueguen con ellos, modifíquenlos como deseen y adáptenlos a sus necesidades o posibilidades.
Y lo más importante de todo, diviértanse. Ya existen demasiadas cosas estresantes en la vida y, aunque puedan encontrarse con un par de piedras en el camino (todos tenemos nuestra buena cantidad de experimentos de crochet fallidos en el armario), nunca se olviden de pasarlo bien y disfrutar de la alquimia que transforma hilos y una aguja en criaturas abrazables.

MATERIALES Y HERRAMIENTAS

Con el tiempo y la experiencia, elegimos nuestras herramientas y materiales favoritos, además de formarnos nuestra opinión sobre cuáles consideramos las mejores técnicas y qué cosas deberíamos evitar. Obviamente, como en cualquier otro aspecto de la vida, no siempre estamos de acuerdo. Pero aunque tengamos gustos, estilos y puntos de vista distintos, coincidimos en que uno de los aspectos más maravillosos del crochet es que, con herramientas muy básicas y accesibles y un poco de hilo, podemos crear casi cualquier cosa.

Lo único que debemos tener en cuenta es que las herramientas y los hilos de buena calidad nos ahorrarán horas de frustración. Siempre que sea posible, elijan calidad sobre cantidad. Y recuerden que las agujas de crochet y coser tienen la costumbre de perderse en los lugares y los momentos más insólitos, así que asegúrense de tener alguna de repuesto.

AGUJA DE CROCHET O GANCHO

Nota: Ciertamente no he probado todas las agujas de crochet que existen en el mercado y me es imposible estimar qué tipo de aguja es mejor para cada uno de ustedes. Es una misión personal. Pero como no quiero que se sientan a la deriva en un mar de posibilidades, voy a contarles lo que he aprendido en los once años que llevo tejiendo muñecos de crochet.

Posiblemente hayan notado que, aparte de la gran variedad de tamaños, las agujas de crochet vienen en diferentes materiales. La elección del material depende del gusto personal. Sin embargo, si planean usar hilo de algodón, les recomiendo usar agujas de **acero inoxidable** o **aluminio**. Las agujas de crochet de aluminio son una gran opción, ya que se deslizan fácilmente entre los puntos, son livianas y tienen el rango más amplio de tamaños. Las más delgadas (menos de 4 mm) pueden llegar a doblarse si se les aplica mucha presión, cosa que suele suceder cuando se tejen muñecos. Para evitarlo con las agujas más finitas, elijan las que tengan mangos de silicona, plástico, madera o bambú… u opten por las de acero inoxidable, mis favoritas, ya que tiendo a descargar una buena cantidad de tensión al tejer.

Las agujas de **madera** y **bambú** son hermosas y algunas marcas tienen un acabado increíblemente suave, pero solo las recomiendo si van a trabajar con hilos más gruesos o si van a hacer prendas con un punto más suelto. Lo mismo ocurre con las agujas de **plástico** y **acrílico**, que suelen utilizarse para trabajar materiales más gruesos, como los hilos hechos de tela reciclada. Sinceramente, nunca he probado las de acrílico; me parecen poco resistentes.

Además del material con el que está fabricada la aguja, siempre es aconsejable chequear su anatomía, es decir, su terminación y la forma de cada parte. En cuanto a la **punta**, prefiero las redondeadas o de punta roma, sin bordes ásperos. Para mí, son las que mejor se deslizan entre los puntos y no se enganchan ni separan las hebras del hilo.

También deben prestar atención a la **garganta** o **cuello**. Esta muesca, la parte más entallada de la aguja, es la que realmente "engancha" el hilo y nos permite pasarlo a través de los puntos y lazadas. Necesitan una aguja con una garganta lo suficientemente grande como para tomar el hilo con el que están trabajando y, al mismo tiempo, que pueda pasar por la lazada y no se salga de la aguja al pasar por los puntos. Este aspecto es muy importante a la hora de tejer muñecos, ya que van a estar usando una aguja dos o tres tamaños menor a la recomendada para el hilado.

Otro detalle que han de tener en cuenta es el **mango** o **empuñadura**. Puedo decir, casi sin lugar a dudas, que es la decisión más personal de todas. En mi caso, como sostengo la aguja de crochet como si fuese un cuchillo (página 18), prefiero las agujas sin mango o con mango más bien pequeño. Si la sostienen como un lápiz, probablemente prefieran las agujas que tienen mango ergonómico o de goma.

Las agujas de crochet son como las lapiceras, podemos tejer o escribir con cualquiera, hasta que encontramos esa especial que nos cambia la vida. Sí, tal vez es una afirmación un tanto dramática, pero no deja de ser cierta. Y, si no les cambia la vida, definitivamente cambiará la forma en la que tejen, especialmente si lo hacen durante todo el día.

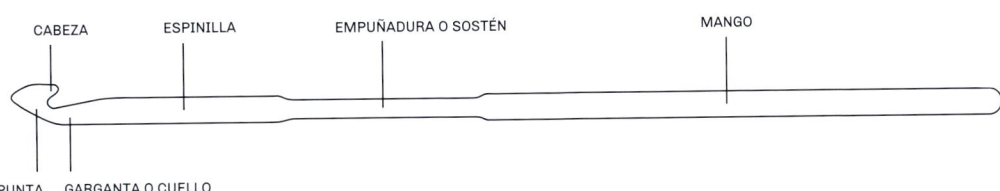

CABEZA　　ESPINILLA　　EMPUÑADURA O SOSTÉN　　MANGO

PUNTA　GARGANTA O CUELLO

Tamaños/numeración

Como guía básica, cuanto más grueso el hilo, más gruesa la aguja y más grande el punto. Si tejen muy suelto, usen una aguja más pequeña para que el tejido quede más apretado. Si tejen muy ajustado, cambien por una aguja más gruesa para aflojar el punto. El tamaño de la aguja debe ser el que les resulte confortable de usar para obtener el resultado deseado. Es más fácil cambiar el tamaño de la aguja que modificar la tensión que aplicamos, ya que cada uno tiene su "tensión natural" a la hora de tejer.

Los tamaños de las agujas se indican utilizando diferentes sistemas que dependen del país de origen y el fabricante. Se utilizan letras, números o una combinación de ambos. En la tabla que encontrarán a continuación recojo los tres sistemas más comunes: el sistema métrico, el sistema del Reino Unido y el de los Estados Unidos. En este libro utilizo el sistema métrico.

Equivalencias de las agujas de crochet

MÉTRICO	REINO UNIDO	ESTADOS UNIDOS
2 mm	14	-
2.25 mm	13	B-1
2.5 mm	12	-
2.75 mm	-	C-2
3 mm	11	-
3.25 mm	10	D-3
3.5 mm	9	E-4
3.75 mm	-	F-5
4 mm	8	G-6
4.5 mm	7	7
5 mm	6	H-8
5.5 mm	5	I-9
6 mm	4	J-10
6.5 mm	3	K-10.5
7 mm	2	-
8 mm	0	L-11
9 mm	00	M-13
10 mm	000	N-15

HILOS

Podemos usar casi cualquier material que se pueda hilar: lana, algodón, cuerdas, cintas, cuero, alambre, incluso bolsas de plástico o papel. Cada tipo de hilado tiene sus pros y sus contras. Permítanse experimentar con distintos materiales; es la mejor manera de aprender y encontrar lo que más nos gusta y es más adecuado para cada proyecto. Cuando tejan muñecos, tengan en cuenta a sus destinatarios y siempre traten de hacerse con hilos de calidad, agradables al tacto y amables al tejer.

Algodón

El algodón es la fibra más utilizada para tejer muñecos y, en mi opinión, la que ofrece mejores resultados. Es una fibra vegetal natural hecha de celulosa (otros hilos de fibras vegetales son lino, yute, rayón, bambú, cáñamo, etc.).
Además de ser un material hipoalergénico, el algodón es extremadamente duradero, fácil de lavar, muy suave al tacto y con abundancia de colores entre los que elegir. Es un hilado que casi no tiene elasticidad, algo que buscamos cuando tejemos muñecos (para que mantenga su forma). Sin embargo, debido a esta falta de elasticidad, puede que la aguja no se deslice con tanta facilidad y que, a veces, al ser un hilado compuesto por varias hebras, pueda deshilacharse o engancharse con la aguja de crochet.
Los hilos de algodón pueden encontrarse en diversas presentaciones: desde los más "rústicos" y opacos, hasta los más brillosos, los mercerizados y los peinados (sus hilos han sido "peinados" para eliminar las fibras cortas y obtener mayor suavidad y resistencia).

Lanas

Otro tipo de fibras naturales son las de proteína, fibras que provienen del pelo de los animales, como la lana de oveja, alpaca, angora y mohair, o de las secreciones de insectos, como la seda.
Estos hilos son más elásticos que los de origen vegetal, por lo que deben tener en cuenta que, con el tiempo, los muñecos tejidos con lanas tienden a perder su forma.
Si son principiantes, es mejor que eviten las más peludas (como el angora y el mohair) porque su textura oculta la estructura del tejido y es muy difícil saber dónde insertar la aguja.

Fibras sintéticas

Hechas a partir de polímeros (plásticos), los hilos sintéticos suelen hilarse de manera tal que se asemejen a los hilos de fibras naturales en textura y sensación. Aunque suelen ser más económicos y se deslizan muy bien en la aguja, los de menor calidad tienden a encapsularse (se hacen bolitas de pelusa) y generan estática. Sin embargo, sigue siendo una de las opciones más comunes debido a su amplia gama de colores. Al igual que con las lanas, los muñecos tejidos con acrílico quedan más blanditos, característica que hay que recordar, especialmente en animales con cuellos muy largos o patas que tienen que mantenerse en pie.

Grosor/peso

La relación entre el peso y el número de metros es el grosor de un hilado. Por ejemplo, un hilado superfino usado para encaje puede tener unos 800 m en solo 100 g, mientras que uno muy grueso puede tener 50 m en el mismo peso. Internacionalmente, la mayoría de las publicaciones y los fabricantes utilizan una serie de términos estándar para indicar la relación peso/grosor. A veces también se menciona el número de hebras/cabos (PLY en inglés), pero hay que tener en cuenta que un aumento en la cantidad de los mismos no significa que el hilo sea más grueso. De hecho, un hilo de 8 cabos formado por hebras muy retorcidas puede ser más delgado que uno de 6 con hebras más sueltas.

NÚMERO	NOMBRE	TIPOS DE HILADO EN CATEGORÍA (inglés)	CABOS (hebras)	m/100 g	AGUJA RECOMENDADA (mm)
0	laso	*Fingering*	1-2 cabos	600-800 o más	1,5 - 2,5
1	superfino	*Sock, Fingering, Baby*	3-4 cabos	350-600	2,25 - 3,5
2	fino	*Sport, Baby*	5 cabos	250-350	3,5 - 4,5
3	ligero	*DK (Double Knitting), Light Worsted*	8 cabos	200-250	4,5 - 5,5
4	mediano	*Worsted, Afghan, Aran*	10-12 cabos	120-200	5,5 - 6,5
5	grueso	*Chunky, Craft, Rug*	12-16 cabos	100-130	6,5 - 9
6	supergrueso	*Super Bulky, Super Chunky, Roving*		menos de 100	9 y mayores
7	jumbo	*Jumbo, Roving*		menos de 100	15 y mayores

Nota: *Es importante saber que el grosor del hilado y el tamaño de la aguja siempre deben estar relacionados. Aún más importante: tengan en cuenta que, al hacer muñecos, utilizarán una aguja de crochet dos o tres tamaños menor que la indicada para tejer una prenda (como se indica en la tabla superior). Recuerden que estamos buscando un tejido ajustado que no permita que se vea ni se salga el relleno.*

OTRAS HERRAMIENTAS Y MATERIALES ESENCIALES

Las **agujas para coser lana** o de **tapicería** se usan para unir partes, coser y terminar las piezas tejidas. Las ideales son las de punta roma (redondas y sin filo), para que no se enganchen ni deshilachen el hilo. Estas agujas tienen un ojo grande para que pasen hilos más bien gruesos (el agujero por donde pasan el hilo), pero cuiden que no sea demasiado grande porque pueden aumentar el espacio entre los puntos.

Se podría decir que tengo cierto fanatismo por las **tijeras**, así que tengo bastantes, de diferentes formas y tamaños... Pero muchas solo sirven para las fotos. En realidad solo necesitan un par de tijeras pequeñas y livianas, de buena calidad y bien afiladas.

Un **marcador de puntos** es, como su nombre indica, una herramienta que utilizamos para marcar determinado punto que no queremos perder de vista. Existen en variedad de formas, tamaños y calidades. También pueden usar clips para papel, alfileres de gancho, horquillas para el pelo (mi marcador preferido) o cualquier otra cosa que sirva para tal fin. Al tejer en espiral o circular, no importa si marcan el primero o el último punto de cada vuelta, pero sean constantes.

No uso muchos **alfileres**, pero son muy útiles cuando tienen que sujetar la cabeza o alguna extremidad al cuerpo del muñeco a la hora de coser. Procuren conseguir los de cabeza de plástico o vidrio, ya que son fáciles de encontrar en el tejido y su cabeza grande evita que se deslicen a través de los puntos.

Para **rellenar** los muñecos utilizo vellón siliconado (fibra de poliéster), el mismo que se usa para rellenar almohadones. Es relativamente fácil de conseguir, económico, lavable e hipoalergénico. Tengan en cuenta que rellenar un muñeco puede ser más complejo de lo que parece: en exceso estira el tejido y deja ver el vellón a través de los puntos. Poco relleno hace que el muñeco parezca triste, como si el pobre se hubiese desinflado. Intenten ir colocando pequeñas cantidades de relleno, agregando de a poco hasta conseguir el aspecto deseado.

Hay una gran variedad de elementos extra que pueden usar para decorar los muñecos: ojos y narices de plástico de todos los colores y formas, botones, cintas, lazos, etc. Para mis personajes solo utilizo **ojos plásticos de seguridad**. Están compuestos por dos partes: el ojo en sí, que puede ser chato o redondeado, más una traba o arandela que se coloca por dentro. Si ajusta correctamente, es casi imposible de quitar. Si temen que la tenacidad de un niño pueda sacarlos, apliquenle pegamento universal en la arandela (por dentro del muñeco) antes de colocarlo. Otra opción es bordar cualquiera de los rasgos faciales, especialmente recomendado si los muñecos son para menores de tres años.

LA TENSIÓN EN LAS PRENDAS Y ACCESORIOS: HACER UNA MUESTRA

La tensión (*gauge* en inglés) es el número de puntos e hileras obtenidos por centímetro. El tamaño del punto variará según el grosor del hilado, el tipo de fibra, el tamaño de la aguja y, por supuesto, la tensión "natural" de cada persona. Uno mismo puede aplicar una tensión diferente a lo largo del día según su estado de ánimo. Y aún más, el mismo grosor y marca de hilo puede generar distintas tensiones de tejido dependiendo el color que se use (según cómo actúa cada tintura en la fibra).

Así que, para asegurarnos de obtener el resultado deseado, lo ideal es hacer siempre una muestra de tejido usando exactamente el mismo tipo de hilado, el mismo color y la misma aguja que usaremos para el proyecto. Y si además pueden mantener el mismo estado de ánimo para que la tensión sea constante sería lo ideal (y, por favor, si logran esto último no duden en escribirme para contarme su secreto).

Cuando tejemos muñecos de crochet no necesitamos hacer una muestra para conocer la tensión, simplemente necesitamos usar una aguja que nos permita obtener un tejido ajustado.
Sin embargo, cuando usan diferentes grosores de hilado para el mismo proyecto, hacer una muestra podría ahorrarles un par de fracasos (especialmente si están haciendo ropa).
Para una muestra tradicional hay que tejer una pequeña pieza, generalmente de 10 × 10 cm (4 × 4 pulgadas). Pero al no necesitar ser tan precisos como cuando hacemos ropa para humanos o mascotas, podemos hacer una muestra más pequeña (la mitad, por ejemplo) y calcular el número de puntos e hileras que se necesitarían para llegar a los 10 cm.

Tejí todos los personajes de este libro con algodón peinado (use algodón "Pica Pau", pueden consultar dónde está disponible en picapauyan.com). Estas son las muestras de tensión que obtuve usando el grosor de hilado y las agujas indicadas en cada patrón:

100 % algodón peinado "Pica Pau" mediano (*worsted*), 100 g/170 m, sobre muestra de 10 × 10 cm:
- Medio punto X tejido en hileras (ida y vuelta, tejido plano) con aguja 2,75 mm: 20 puntos y 22 hileras.
- Medio punto X tejido en espiral (vueltas, tubular) con aguja 2,75 mm: 21 puntos y 22 vueltas.
- Media vareta tejida entre puntos en hileras (ida y vuelta, tejido plano) con aguja 2,75 mm: 18 puntos y 15 hileras.

100 % algodón peinado "Pica Pau" fino (*fingering*), 50 g/220 m, sobre muestra de 10 × 10 cm:
- Medio punto X, usando 2 hebras, tejido en espiral (vueltas, tubular) con aguja 2,75 mm: 23 puntos y 24 vueltas.
- Media vareta, usando una hebra, tejida en hileras (ida y vuelta, tejido plano) con aguja 2,75 mm: 25 puntos y 19 hileras.
- Media vareta, usando 2 hebras, tejida en hileras (ida y vuelta, tejido plano) con aguja 2,75 mm: 20 puntos y 15 hileras.
- Media vareta, usando 2 hebras, tejida en hileras (ida y vuelta, tejido plano) con aguja 3,25 mm: 19 puntos y 14 hileras.

INTRODUCCIÓN AL CROCHET

SUJETAR LA AGUJA DE CROCHET Y LA HEBRA (POSICIÓN DE LA MANO)

Sostener una nueva herramienta puede ser todo un desafío cuando empezamos, pero unas cuantas horas de práctica y un poco de paciencia nos llevarán por buen camino.

Si ya están familiarizados con el crochet y se sienten cómodos y satisfechos con el resultado, ¡manténganse así!

Si están aprendiendo, prueben todas las formas que puedan hasta que encuentren aquella que les resulte mejor.

Por lo general, sujetamos la aguja con la misma mano que usamos para escribir, pero no es una regla. No importa de qué modo sostengan el hilo o la aguja, lo más importante es que siempre (¡pero siempre!) deben recordar es que no existe "la mejor manera" y, definitivamente, no hay "una manera correcta".

Como un lápiz
Tomen la aguja como lo harían con un lápiz, sujetándola por la parte más plana del medio (la empuñadura) entre la punta del pulgar y el índice. El mango se apoyará sobre la mano, entre la base del pulgar y el índice.

Como un cuchillo
Tomen la aguja como tomarían un cuchillo, sujetándola entre el pulgar, el dedo índice y el medio, apoyando el mango sobre la palma de la mano.

Sujetar el hilado
La mano libre es la que usamos para controlar el hilo y sostener el tejido. Existe un sinfín de maneras sujetar el hilado, y cada persona tiene su predilecta. Solo recuerden que deben mantener la tensión firme y constante durante todo el proyecto.

Aunque no lo parezca, aprender a controlar el hilo y sostener el tejido es el quid de la cuestión. Dense el tiempo necesario para practicar hasta que lo sientan cómodo y natural (hasta que no noten el esfuerzo). Además, como es la mano que más trabaja y se tensiona, es importante mantenerla en forma. Intenten hacer ejercicios de calentamiento antes y después de tejer. Y, aunque suene casi imposible, intenten no tejer muchas horas seguidas sin descansar.

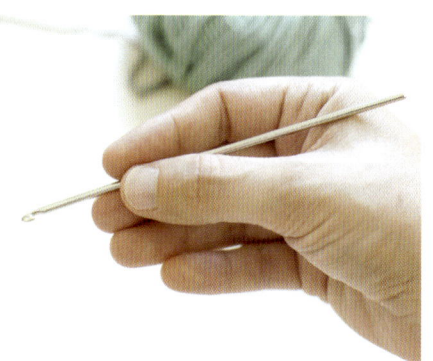

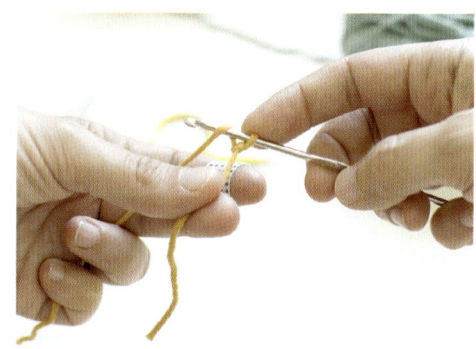

LOS PUNTOS

Solo existen unos cuantos puntos básicos, y aunque las combinaciones y variaciones son prácticamente infinitas, solo necesitan conocer algunos para tejer los muñecos de este libro.

Intentaré explicarles los puntos y las técnicas que he aprendido a lo largo de estos años y uso todos los días. Recuerden que siempre pueden (y deberían) adaptar las técnicas a sus necesidades y posibilidades.

NUDO CORREDIZO

Es la primera lazada que necesitan hacer en la aguja para comenzar a tejer.

1. Hagan una lazada con el extremo del hilo. Inserten la aguja en la lazada y saquen otra a través de la misma.
2. Tiren del extremo del hilo para ajustar la lazada a la aguja.

El nudo corredizo no cuenta como un punto.

Breve confesión: *Cuando di mis primeros pasos en el crochet, no sabía de la existencia de este nudo así que, para comenzar un tejido, hacía un nudo común y corriente, de los que se hacen para atar cualquier cosa… y todavía lo hago (pero no se lo digan a nadie).*

PUNTO CADENA (CADENETA) *Abreviatura: p cad*

Este punto es la base del crochet: si van a trabajar un tejido plano, la 1.ª hilera va a ser (casi) siempre de puntos cadena, conocida como *cadena base*.
También se usa para unir puntos y como punto de vuelta (cadenas de altura).

1. Sujetando el nudo corredizo, pasen el hilo de atrás a delante por encima de la aguja. Este movimiento se denomina **lazar**. Se puede envolver la aguja con el hilo o girar la aguja alrededor de este.
2. Con ayuda del gancho de la aguja, tiren del hilo para pasarlo a través de la lazada que tienen en la aguja (el nudo corredizo).
3. Así obtendrán una nueva lazada, el 1.er p cad.

Repitan los pasos anteriores para tejer cuantos puntos cadena sean necesarios.

Nota: *Es crucial sostener firmemente el extremo del hilo o la cadena que ya han tejido para evitar que esta gire alrededor de la aguja cada vez que intentamos lazar.*

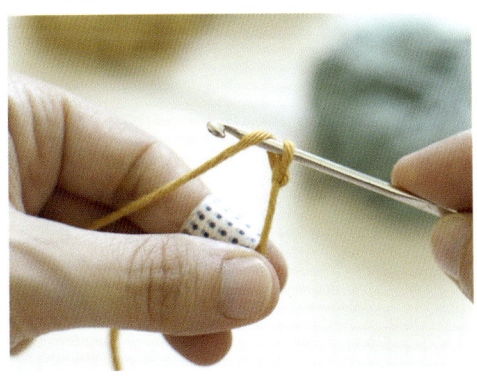
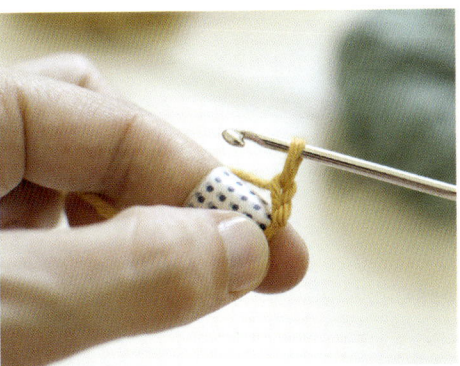

Cadena base

Es la línea de puntos cadena que tienen que tejer para iniciar un tejido plano en hileras. Es el equivalente a montar los puntos cuando se comienza un tejido en 2 agujas.

Nota: *Para tejer una cadena base pareja y mantener una tensión constante, hay que cambiar continuamente el "agarre" en el tejido, de manera que nuestra mano siempre sujete el trabajo cerca de la aguja de crochet.*

Cadena de vuelta

Cuando se teje en hileras —tejido plano, ida y vuelta—, las cadenas de vuelta son las que se tejen para alcanzar la altura de los puntos de la sig hilera.

A cada punto le corresponde una cantidad determinada de cadenas de vuelta:
– Una hilera de mp: 1 p cad de vuelta.
– Una hilera de pmv: 2 p cad de vuelta.
– Una hilera de pv: 3 p cad de vuelta.

Nota: *Al contar puntos, no cuenten el nudo corredizo ni la lazada en la aguja (la lazada con la que están trabajando). La manera más fácil de contar puntos es observando las "trenzas", la V que se ve en la parte superior de cada punto. Recuerden contar los puntos regularmente para asegurarse de que tienen el número de puntos requeridos por el patrón.*

INSERTAR LA AGUJA (UBICACIÓN DE LOS PUNTOS)

A excepción del p cad, para tejer cualquier otro punto siempre hay que insertar la aguja en un punto o espacio existente.
El gancho de la aguja siempre debe pasar mirando hacia abajo o de perfil para que no se enganche con el tejido.
Cuando inserten la aguja, pueden hacerlo en tres lugares diferentes:

– **Ambas hebras** (*both loops*): Inserten la aguja por debajo de las 2 hebras que forman la cadena, las que se ven en la parte superior del punto. Es la forma habitual y recomendada cuando no se indica lo contrario.
– **Solo por hebra delantera** (*front loop*): Pasen la aguja solo por la hebra más cercana a ustedes, la de delante.
– **Solo por la hebra trasera** (*back loop*): Inserten la aguja solo por la hebra de atrás, la más alejada. Esta forma deja una serie de líneas horizontales formada por las hebras delanteras de cada punto. Se suele usar con fines estéticos o para facilitar el trabajo a la hora de retomar el tejido.

PUNTO ENANO (RASO, DESLIZADO) *Abreviatura: p enano*

Este punto no tiene altura y pocas veces se utiliza para generar tejidos extensos. En cambio, es el que usamos casi siempre para unir vueltas, para unir piezas, para moverse de un lado al otro del tejido y para reforzar o hacer terminaciones. También se usa para hacer detalles en los muñecos, como el pelo, los dedos, etc.

1. Inserten la aguja por debajo de ambas hebras en el siguiente punto (en cadena base, inserten la aguja en el 2.º punto desde la aguja).
2. Hagan una lazada y sáquenla a través de ambos lazos al mismo tiempo (por el punto y la lazada en la aguja). De esta forma, completarán el 1.er p enano.

Nota: *Cuando trabajen puntos enano en la última vuelta o hilera para hacer una terminación o embellecer una pieza, tejan los puntos más sueltos para no fruncir el tejido.*

Unir un anillo de puntos cadena con 1 p enano (cadena base para tejido tubular)

1. Inserten la aguja en el 1.er p cad. Asegúrense de que la cadena no esté torcida.
2. Lacen y saquen la hebra a través de ambas lazadas en la aguja a la vez.

MEDIO PUNTO (PUNTO BAJO) *Abreviatura: mp*

Es el punto estrella para tejer muñecos porque es el único que resulta en una trama cerrada que no solo mantiene la forma sino que evita que pueda verse el vellón (siempre y cuando no lo rellenemos demasiado y se teja con la aguja adecuada).

En hileras (tejido plano, ida y vuelta)

Comiencen desde una cadena base.
1. Inserten la aguja de crochet en el 2.º punto desde la aguja. Lacen.
2. Saquen la hebra solo a través del p cad. Quedan 2 lazos en la aguja. Lacen nuevamente.
3. Saquen la hebra a través de las 2 lazadas en la aguja. Queda una sola lazada en la aguja y habrán completado el 1.er mp.
4. Inserten la aguja en el siguiente punto. Continúen tejiendo de la misma manera en cada p cad.
5. Al final de la hilera, hagan 1 p cad de vuelta y giren el tejido para continuar tejiendo la sig hilera. Comiencen la sig hilera. Tejan 1 mp en el siguiente punto (no cuenten la cadena de vuelta) insertando la aguja por debajo de las 2 hebras del punto de la hilera anterior. Continúen tejiendo así hasta el final de la hilera y repitan.

Nota: *Al tejer en hileras, no importa si hacen la cadena de vuelta y giran el tejido o al revés. Lo importante es que sean constantes durante todo el trabajo.*

En espiral (tejido tubular, en vueltas)

Comiencen desde una cadena base. Asegúrense de que la cadena no esté torcida e inserten la aguja en el 1.er p cad. Cierren formando un anillo haciendo 1 p enano en el 1.er p cad.

1. Continúen tejiendo 1 mp en cada p cad hasta llegar al inicio de la vuelta. Tejan 1 mp en el 1.er mp que hicieron (no cierren la vuelta con 1 p enano). Aquí es cuando es muy útil el marcador de puntos: colóquenlo en el mp que acaban de hacer.
2. Continúen tejiendo hasta llegar, nuevamente, al marcador de puntos. Retiren el marcador y tejan 1 mp en ese punto. Vuelvan a colocar el marcador en el mp que acaban de tejer y repitan.

Lazar por arriba.

Lazar por debajo.

Diferencia entre el mp *V* y el mp *X*

Si tienen un poco de experiencia tejiendo al crochet, es posible que hayan notado que mis medios puntos se ven un tanto diferentes al mp "tradicional". En lugar de pasar el hilo por encima de la aguja al hacer la 1.ª lazada (al insertar la aguja), tomo el hilo enganchándolo por debajo de la aguja, es como "lazar por debajo". Al hacer esto, se obtiene 1 mp que se asemeja a una *X*, más cuadrado, en vez del clásico mp en forma de *V*.
Además de su distinto aspecto, tiene otras diferencias que son interesantes de saber:

- Tamaño: El mp *X* es más apretado, por lo que el tejido o muñeco será considerablemente menor. Y viceversa, el tejido hecho con mp *V* será más fluido/elástico, por lo que el muñeco será un poco mayor y más blandito. Por ejemplo, si tejo un círculo de 60 puntos usando mp *X*, mi círculo tendrá unos 8,5 cm de diámetro. Si lo hago usando el mp *V*, su diámetro será de unos 10 cm.
- Cómo los puntos tienden a girar hacia un lado: El mp *V* se va "moviendo" un poco en cada vuelta, por lo que el tejido parece que va girando hacia un lado. Usando el mp *X*, esta característica del tejido en espiral es menos acentuada, por lo que dará mejores resultados a la hora de tejer Jacquard.
- Cómo se ven los patrones a rayas: El mp *X* se ve casi como 1 pmv cuando hacen líneas de diferentes colores.

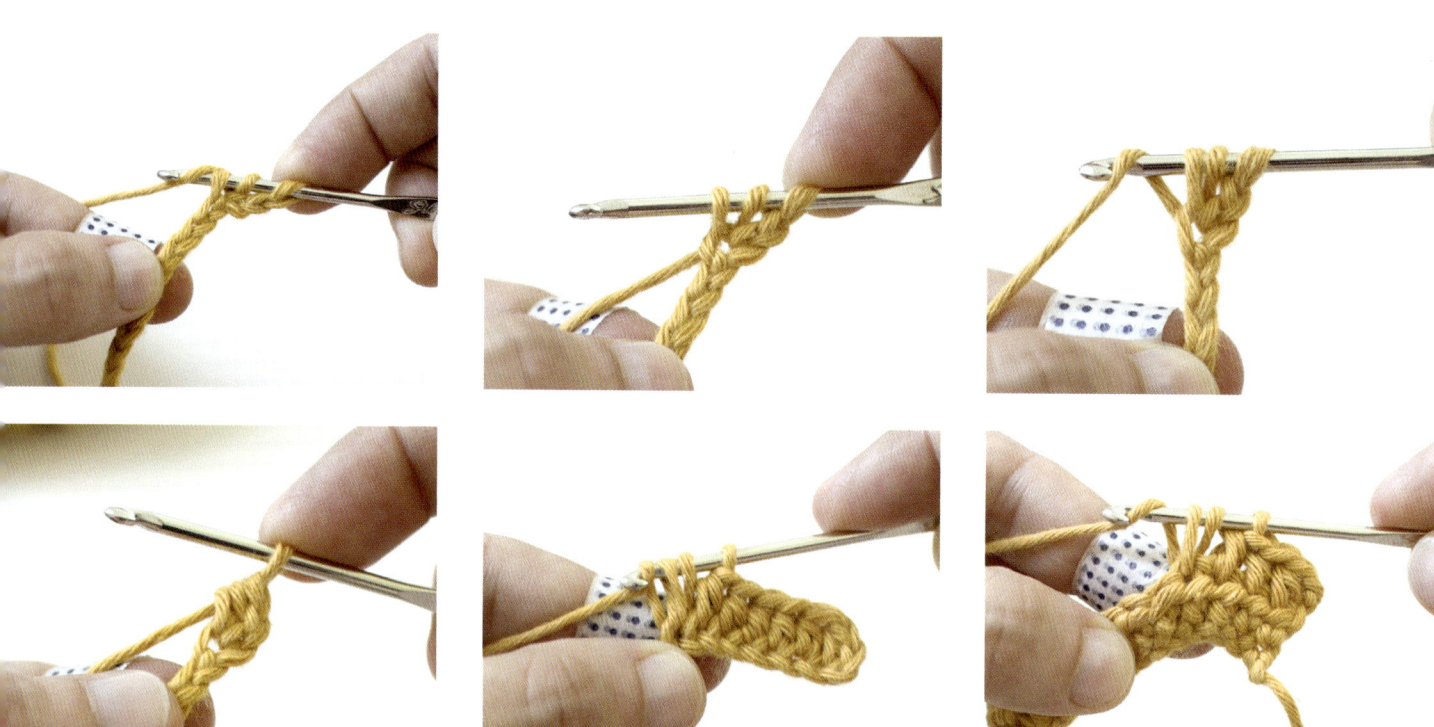

PUNTO MEDIA VARETA (PUNTO MEDIO ALTO)
Abreviatura: pmv

Como su nombre indica, está a medio camino entre el mp y el pv en altura. Al ser un poco más suelto, el tejido hecho con este punto tiene mayor fluidez y es excelente para tejer las prendas de los muñecos.

En hileras (tejido plano, ida y vuelta)

Comiencen desde una cadena base.
Los primeros 2 puntos de la cadena base son los puntos cadena de vuelta para la 1.ª hilera.

1. Lacen la aguja de atrás hacia delante. Inserten la aguja en el 3.er p cad desde la aguja y lacen nuevamente.
2. Saquen la hebra a través del p cad. Quedan 3 lazadas en la aguja.
3. Lacen nuevamente y saquen por las 3 lazadas de la aguja a la vez.
4. Han completado así el 1.er pmv.
5. Continúen tejiendo de la misma forma hasta el final de la cad.
6. Al final de la hilera, hagan 2 p cad de vuelta y giren el tejido para comenzar la próxima hilera. Tejan 1 pmv en el 3.er p cad desde la aguja, insertando la aguja por debajo de ambas hebras del punto de la hilera anterior.

Nota: Generalmente, cuando trabajo con pmv o pv en espiral o vueltas, tejo entre los puntos. Este método da como resultado un tejido más abierto, fluido y elástico. Para hacerlo, inserten la aguja entre los "pilares" de los puntos, en vez de hacerlo por debajo de ambas hebras, como lo harían normalmente. Recuerden contar los puntos al final de cada vuelta.

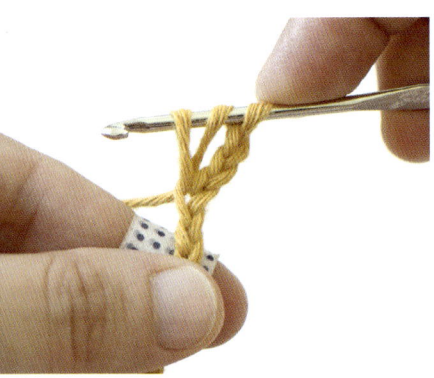  
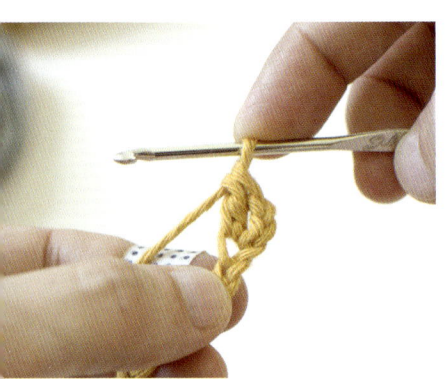  

PUNTO VARETA (PUNTO ALTO) *Abreviatura: pv*

Probablemente este sea el punto más conocido y usado para tejer prendas y mantas. Para hacer muñecos, lo usaremos esporádicamente.

En hileras (tejido plano, ida y vuelta)

Comiencen desde una cadena base. Los primeros 3 puntos de la cadena son los puntos cadena de vuelta para la 1.ª hilera.

1. Lacen la aguja de atrás hacia delante. Inserten la aguja en el 4.º p cad desde la aguja y lacen nuevamente. Saquen la hebra a través del p cad. Quedan 3 lazadas en la aguja.
2. Lacen nuevamente y saquen la hebra solo por las 2 primeras lazadas en la aguja.
3. Quedan 2 lazadas en la aguja de crochet. Lacen una última vez y saquen por las 2 últimas lazadas.
4. Han completado así el 1.er pv.
5. Lacen nuevamente y continúen tejiendo de la misma manera en cada p cad. Al final de la hilera, hagan 3 p cad de vuelta y giren el tejido para comenzar la sig hilera.
6. Tejan 1 pv en el 4.º punto desde la aguja, insertando la aguja por debajo de ambas hebras del punto de la hilera anterior. Repitan hasta llegar al final de la hilera.

PUNTO MOTA (PUNTO PIÑA) *Abreviatura: p mota*

Un punto mota es como un racimo de puntos vareta que se trabajan en un solo punto base y se cierran juntos. El número de varetas puede variar, pero usualmente se hace con 3 o 5 puntos. En este libro lo utilizo para hacer dedos y siempre es de 5 varetas.

1. Lacen e inserten la aguja en el punto base.
2. Lacen nuevamente y saquen la hebra a través del punto. Quedan 3 lazadas en la aguja.
3. Lacen otra vez y saquen la hebra a través de las 2 primeras lazadas en la aguja. Tienen ahora 1 pv a medio cerrar y 2 lazadas en la aguja.
4. En el mismo punto base, repitan los pasos anteriores 4 veces. Al finalizar, tendrán 5 pv a medio cerrar.
5. Lacen por última vez y saquen por las 6 lazadas en la aguja a la vez (son 5 varetas a medio cerrar más la lazada del punto anterior). Han completado así el 1.er p mota.

PUNTO MUSGO *Abreviatura: p musgo*

Es uno de mis puntos predilectos para tejer mantas. Se parece un poco al tejido en 2 agujas, es rápido, fácil y da como resultado un tejido suelto y fluido similar al pmv, pero utilizando menos hilado.

En hileras (tejido plano, ida y vuelta)

Comiencen desde una cadena base de número par de puntos.
1. Inserten la aguja en el 4.º p cad desde la aguja, 1 mp (1 cad, salten 1 p, 1 mp) y repitan hasta el final. El último punto debe ser 1 mp. Tejan 2 cad y giren.
2. Tejan 1 mp en el sig espacio de 1 cad (1 cad, 1 mp en el sig espacio de 1 cad) y repitan hasta el final. Finalicen con 1 mp en el espacio de las últimas 3 cad al principio de la 1.ª hilera. Tejan 2 cad y giren.
3. Tejan 1 mp en el sig espacio de 1 cad (1 cad, 1 mp en el espacio de 1 cad) y repitan hasta el final. Finalicen con 1 mp en el espacio de 2 cad de la hilera anterior. Tejan 2 cad y giren.

Repitan la hilera 3 hasta alcanzar la longitud deseada.

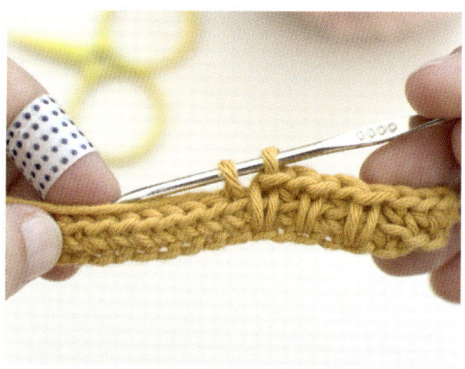

PUNTO MIMBRE/RATÁN (*BASKET SPIKE STITCH*)

Es un punto fantasía que lleva este nombre porque se parece a la trama de una cesta o canasto de ratán. Se trabaja alternado 1 mp espiga con 1 mp tejido tomando solo la hebra trasera. Solo lo he tejido en vueltas porque no se ve tan interesante tejido en hileras pero, obviamente, están más que invitados a probarlo.
Para este punto utilizo el mp V para obtener 2 líneas verticales rectas.

Medio punto espiga *(abreviatura: p espiga)*

Inserten la aguja en el siguiente punto pero en la vuelta anterior (en el mismo lugar donde habían trabajo ese punto). Lacen y saquen una hebra llevándola hasta la altura del punto de la vuelta que están tejiendo. Lacen nuevamente y saquen el hilo a través de ambas lazadas a la vez.

En espiral (tejido tubular)

Comiencen desde una cadena base. Asegúrense de que su cadena no esté torcida e inserten la aguja en el 1.er p cad. Cierren formando un círculo haciendo 1 p enano en el 1.er p cad. Continúen tejiendo 1 mp en cada p cad hasta que lleguen al principio de la vuelta.

1-2 (1 mp tomando solo la hebra trasera, 1 p espiga en el siguiente punto de la vuelta anterior) y repitan hasta el final de la vuelta.
3-4 (1 p espiga en el siguiente punto de la vuelta anterior, 1 mp tomando solo la hebra trasera) y repitan hasta el final de la vuelta.

Repitan las 2 vueltas hasta obtener el número de vueltas que necesiten.

MEDIO PUNTO ELÁSTICO (PUNTO BAJO ELÁSTICO)
Abreviatura: mp elástico

Utilizo este punto para hacer las terminaciones en los gorros y otras prendas. Es una técnica que habitualmente se hace con pv, pero funciona muy bien con el mp.
Se trabaja alternando un punto relieve delantero y un punto relieve trasero. Para comenzar a realizarlo hay que tener, al menos, una vuelta o una hilera de mp antes de comenzar a tejer los puntos en relieve.

1-2 Inserten la aguja pasando del frente hacia atrás y luego hacia delante alrededor del pilar del mp de la vuelta o hilera anterior. Lacen y saquen una hebra alrededor del pilar. Saquen un poco más de hilo del que sacarían habitualmente para 1 mp estándar. Lacen nuevamente y saquen la hebra a través de las 2 lazadas en la aguja. Han completado el 1.er punto relieve delantero.

3-4 Inserten la aguja de atrás hacia delante y luego hacia atrás alrededor del pilar del sig mp. Lacen y saquen una hebra alrededor del pilar. Saquen un poco más de hilo de lo que sacarían habitualmente para 1 mp estándar. Lacen nuevamente y saquen la hebra a través de las 2 lazadas en la aguja. Han completado el 1.er punto relieve trasero.

5-6 Repitan los pasos 1-4 hasta el final de la vuelta o hilera.

AUMENTOS Y DISMINUCIONES

Los aumentos y las disminuciones se usan para moldear prendas y cualquier otra cosa, como los muñecos.

Aumento. *Abreviatura: aum*

Para hacer un aumento, de cualquier tipo de punto, hay que realizar 2 o más puntos en el mismo punto base donde normalmente harían un solo punto.
1. Tejan un punto en el siguiente punto de la última vuelta o hilera.
2. Inserten nuevamente la aguja en el mismo punto.
3. Tejan un 2.º punto.

Disminución. *Abreviatura: dism*

La disminución se logra tejiendo 2 o más puntos juntos. Existen varias formas de hacerlo, pero cuando tejo muñecos siempre uso la "disminución tradicional", ya que es la que aprendí primero y me sale de forma natural. Hoy día este tipo de disminución no es la más popular porque, si no se ajusta bien, puede dejar un agujerito.

1-2 Tejan 2 mp incompletos en 2 puntos adyacentes en la hilera o vuelta previa.
3. Lacen nuevamente.
4. Saquen la hebra por las 3 lazadas en la aguja de crochet.

Nota: *El truco para evitarlo es darle más tensión a cada punto que se vaya a disminuir y ajustar muy bien el punto siguiente a la disminución.*

TEJER EN ESPIRAL

Realizar aumentos espaciados uniformemente desde el centro hacia fuera es la técnica utilizada para tejer piezas redondas, como sombreros y alfombras. Cuando tejemos en redondo, tradicionalmente cerramos cada vuelta con 1 p enano. Esta técnica, a pesar de generar círculos perfectos, deja una marca continua a lo largo del trabajo como resultado de unir las vueltas, algo así como una cicatriz, y no se ve para nada bonita en un muñeco.

Para evitar esta marca, elegimos tejer en espiral, es decir, sin cerrar o unir las vueltas. Esta es la razón por la cual se recomienda tanto usar un marcador de puntos: les señalará dónde comienza una nueva vuelta y dónde termina la anterior. Pueden colocarlo al final o al comienzo de cada vuelta, pero sean consistentes con el lugar que elijen. Al finalizar cada vuelta, terminarán justo por encima del marcador de puntos. En ese momento deben sacar el marcador, tejer el punto indicado por el patrón y volver a colocarlo en ese mismo lugar.

ANILLO MÁGICO (CÍRCULO AJUSTABLE/ANILLA)

Esta es, sin lugar a dudas, la mejor manera de comenzar un tejido en espiral.
Se empieza tejiendo el número indicado de puntos en un lazo ajustable que luego tiramos hasta que los puntos se cierran en un anillo.
Existen varias técnicas para comenzar el anillo, y al principio todas pueden generar un poco de ansiedad. Practiquen y vuelvan a practicar. No se preocupen si parece imposible en los primeros intentos. Les puedo asegurar que, una vez terminado el primer muñeco, habrán dominado la técnica. Y la van a adorar.

1. Comiencen cruzando la hebra para formar un círculo, como si fuesen a realizar un nudo corredizo (o cualquier otro nudo).
2-3. Sosteniendo la lazada con firmeza entre el dedo gordo y el índice, inserten la aguja en el centro del círculo y saquen una lazada.
4. Sin dejar de sujetar el círculo con firmeza (¡es crucial!), lacen nuevamente la aguja de crochet. Saquen la hebra a través de la 1.ª lazada en la aguja para hacer 1 p cad. Este p cad asegura el anillo.
5-6. Inserten nuevamente la aguja en el centro del círculo, cuidando de que la aguja también pase por debajo de la cola del hilo (se ven 2 hilos entrelazados). Lacen y saquen una hebra.
7. Lacen otra vez. Saquen la hebra por las 2 lazadas en la aguja. Tendrán así el 1.er mp en el anillo.
8. Hagan tantos puntos como indique el patrón. Al acabar, sujeten la cola de la hebra (el lado cortito) y tiren hasta ajustar el anillo. Tiren con fuerza, sin miedo.
9. Una vez ajustado, pueden optar por cerrarlo con 1 p enano, pero no es necesario. Es en la única situación en la que cierro la vuelta, y es por maña.

TEJER A AMBOS LADOS DE LA CADENA BASE

Es la técnica que se utiliza para realizar una pieza en forma ovalada: alfombras, bolsos y, en el caso de los muñecos, para tejer hocicos, orejas y el cuerpo de algunos personajes.

1. Tejan una cadena base con el número indicado de puntos. Inserten la aguja en el 2.º p cad desde la aguja y tejan 1 mp (a veces, el patrón puede requerir un aumento en el 1.ᵉʳ punto). Continúen tejiendo sobre cada punto de la cadena base, como indique el patrón.
2. El último p cad es, usualmente, un aumento, para girar el tejido y continuar trabajando al otro lado de la cadena base.
3-4. Den vuelta al tejido para seguir tejiendo en la parte inferior de los puntos cadena base. Pueden notar que, en este lado, solo tendrán disponible un lazo del p cad.
5. Continúen tejiendo sobre el lazo de cada p cad. El último mp que tejan quedará justo al lado del primero. Según el patrón, también podría ser un aumento.
6. A partir de aquí pueden continuar tejiendo en espiral.

CAMBIO DE COLOR Y UNIÓN DE HEBRAS

Usen esta técnica cuando quieran cambiar de color o para unir otra hebra de hilo porque se quedaron sin la que estaban usando.

1. Trabajen con la hebra del color (o hilo) previo hasta tener 2 lazadas del último punto en la aguja (primera parte del mp).
2. Usen el nuevo color (o hilo) para completar el punto, sacando la nueva hebra por las 2 lazadas en la aguja.

Continúen trabajando con el nuevo color (o hilo) como antes. Intenten no cortar la hebra del color previo si van a volver a usarlo. Yo ato ambas hebras para asegurarme de que el punto no se afloje.

Nota: *Es importante tener en cuenta que el punto de cambio de color quedará del color anterior, así que si están haciendo vueltas de diferentes colores no se olviden de hacer el cambio en el último punto de la vuelta anterior.*

Tapestry con dos hebras

Tapestry tomando hebra delantera

Tapestry tomando hebra trasera

JACQUARD Y *TAPESTRY*

Estas dos curiosas palabras provienen de otros mundos textiles, el tejido de punto y el tapiz, pero el crochet se las arregló para adaptar estas dos técnicas de cambio de color a su propio lenguaje.

Se usan para generar tramas, patrones y dibujos tejiendo con dos o más colores a la vez. Es como dibujar intercalando hilos de colores mientras tejemos y, generalmente, se trabaja siguiendo un diagrama que nos indica cuándo hacer los cambios de color.

La diferencia entre el Jacquard y el *tapestry* es cómo se llevan las diferentes hebras de color durante el tejido.

Cuando trabajamos usando la técnica de **Jacquard**, dejamos la hebra que no usamos detrás del tejido (o hacia adentro). Cuando es hora de volver a usarla, la recogemos y la llevamos por la parte posterior (interior) del trabajo hasta el siguiente cambio de color.

Cuando el patrón indica hacer un cambio de color es muy importante recordar que el cambio siempre debe comenzar un punto antes. Tejan la cantidad de puntos indicados en el patrón. Teniendo en cuenta que el cambio de color siempre empieza un punto antes, tomen la hebra de color que van a usar y llévenla por detrás (o dentro) del tejido hasta el lugar donde se hará el cambio. Las hebras de color que queden por dentro, entre cambio y cambio de color, deben estar bien sueltas para evitar fruncir el tejido.

Nota: Cuando trabajo Jacquard con cambios de color muy extensos o distanciados, prefiero cortar las hebras internas y atarlas entre sí. De hecho, es más que recomendable si el cambio de color es constante durante todo el muñeco, porque es más fácil de rellenar y no corremos el riesgo de deformarlo. Si no desean cortar las hebras, pueden usar la técnica de ir recogiendo la hebra suelta cada par de puntos.

Cuando trabajamos usando **tapestry**, se lleva o carga la hebra sobre el tejido (arriba del punto) mientras se sigue trabajando con el otro color. Esto significa que, cada vez que hacemos un punto, estamos envolviendo la o las hebras de otros colores que no estemos usando.

Esta pequeña gran diferencia cambiará significativamente la apariencia de nuestro tejido, en especial en el reverso: como resultado, obtendremos un tejido que se asemeja a un tapiz (¡de ahí el nombre!) y tiene la gran ventaja de que no hay hilos sueltos en ningún lado. Es ideal para tejer prendas o accesorios donde queremos que el tejido se vea bien a ambos lados.

Sin embargo, para mí tiene una pequeña desventaja: salvo que se lleven los hilos durante todo el trabajo, el lugar del tejido donde realicen está técnica quedará más grueso que el resto y los colores "escondidos" se verán a través de los puntos (especialmente si hay mucho contraste entre ellos).

Nota: *Si desean obtener líneas verticales rectas utilizando esta técnica con mp, es recomendable tejer tomando solo la hebra trasera o delantera (vean la muestra en la página 35).*

FINALIZAR EL TRABAJO

Cuando terminen de tejer y necesiten coser la pieza tejida, corten la hebra dejando un excedente de unos 5 cm. Saquen toda la hebra a través de la última lazada en la aguja.
Si van a coser la pieza, corten la hebra dejando un excedente de al menos 20 cm, de manera que esa misma hebra se pueda utilizar para coser (el largo dependerá de la cantidad de puntos que tengan que coser). Saquen toda la hebra por la última lazada en la aguja de crochet.

Rematar

Rematar es "esconder" la hebra cortada al finalizar el tejido.
En un tejido plano, enhebren el excedente de la hebra cortada en una aguja de tapicería y, con el lado del revés hacia delante y con la ayuda de la aguja, pasen con la hebra por varios puntos, de manera que el hilo quede "envuelto" en las lazadas traseras de los puntos. Corten el excedente.

En una pieza tejida con relleno

1-2 Terminen la última vuelta de disminuciones y corten la hebra dejando un tramo lo suficientemente largo como para dar algunas puntadas (unos 15 cm). Enhebren el hilo en una aguja de tapicería y, de atrás a delante, pasen por la hebra delantera de cada uno de los puntos restantes.

3 Tiren de la hebra para cerrar (fruncir) la abertura. Den 1 o 2 puntadas para asegurarse de que el hilo no se escape. Corten el excedente y oculten la hebra dentro del muñeco con la aguja de crochet.

BORDAR

El bordado sigue siendo una materia pendiente para mí. Solo sé hacer —más o menos— una puntada que aprendí de niña para coser ropa para los muñecos: el **punto atrás**. Es una puntada que tiene el aspecto de una bastilla por delante, una línea de puntadas simples.

1. Enhebren la aguja de tapicería. Inserten la aguja por detrás (dentro) del tejido y hagan una puntada recta del mismo largo que su mp. Si es posible, utilicen los agujeros existentes entre punto y punto para insertar y pasar la aguja de tapicería sin romper el punto.
2. Continúen, tantas veces como sea necesario, saliendo con la aguja un espacio delante (como saltándose un punto) y trayendo la aguja hacia atrás, al mismo lugar al final de la última puntada que realizaron.

UNIR PARTES (COSER)

Soy una de las tantas tejedoras que felizmente le pagaría a alguien para que cosiera las piezas por mí. Pero, como no hay voluntarios (todavía), es mejor que practiquemos un método simple y satisfactorio para llevar adelante esta tarea a veces tan engorrosa. Si tienen dudas sobre dónde colocar las partes, pueden presentarlas con alfileres.
Siempre que puedan —o sea, siempre—, usen la hebra excedente que dejaron al terminar la pieza para coser.

Unir piezas abiertas

Usen esta técnica para coser una pieza abierta (hocicos, cachetes, picos, etc.) a otra pieza abierta y sin relleno, como una cabeza. Enhebren la aguja de tapicería con la hebra excedente y ubiquen la pieza. Si están cosiendo un hocico o un pico en la cabeza, les recomiendo situarlo del lado opuesto al marcador de puntos. De esta manera, todos los cambios de color estarán en la parte posterior del muñeco. Hagan la 1.ª puntada de afuera hacia adentro (o atrás) del tejido. Usando el punto atrás, cosan pasando por debajo de ambas hebras de cada punto de la vuelta final de la pieza que quieran unir. Vayan de atrás a delante y de delante a atrás. Si la pieza tiene 30 puntos, deberán hacer, por lo menos, 30 puntadas. Antes de llegar al final, recuerden rellenar la pieza. Yo intento no rellenar las piezas hasta el final, para evitar que el vellón se enrede en las puntadas.

Unir una pieza con un extremo abierto a una pieza cerrada

Les explicaré cómo coser una pieza abierta (con o sin relleno) a una pieza terminada sin cerrar el extremo abierto. Es la técnica que uso para coser brazos, orejas, colas, etc. Enhebren la aguja de tapicería con la hebra excedente de la pieza que vayan a coser. Ubiquen las piezas una encima de la otra e intenten, de ser posible, alinear los puntos de cada parte. Inserten la aguja a través de una sola lazada de la pieza terminada (y rellenen, por ejemplo, el cuerpo).

Pasen la aguja por debajo de ambas hebras del punto de la pieza abierta que están cosiendo (por ejemplo, un brazo). Cosan de la misma forma alrededor de toda la pieza. Corten la hebra y rematen.

LEER UN PATRÓN

El crochet habla su propio lenguaje y, como toda lengua, tiene sus particularidades.
La terminología del crochet no solo cambia según el idioma sino que, dentro de un mismo idioma, puede haber dialectos. La tabla que viene a continuación es una brevísima guía de los puntos y símbolos más usados. En este libro usaré la terminología que se usa en América Latina, específicamente en Argentina.

AMÉRICA LATINA	ESPAÑA	EE UU	REINO UNIDO	SÍMBOLO
punto (p/pt)	punto (p/pt)	stitch (st)	stitch (st)	
cadena (c/cad)	cadeneta (c/cad)	chain (ch)	chain (ch)	○
punto enano/corrido/pasado (pe/pc/pp)	punto raso/enano (pr/pe)	slip stitch (slst)	single crochet (sc) slip stitch (slst)	●
medio punto (mp)	punto bajo (pb)	single crochet (sc)	double crochet (dc)	×
punto media vareta (mv/pmv)	punto (alto) medio (pm)	half double crochet (hdc)	half treble crochet (htc)	T
punto vareta (v/pv)	punto alto (pa)	double crochet (dc)	treble crochet (tr)	✝
punto mota/piña	punto piña	bobble stitch	bobble stitch	⊕
aumento (aum)	aumento (aum)	increase (inc)	increase (inc)	V
disminución (dism)	disminución (dism)	decrease (dec)	decrease (dec)	A
hilera (h)/carrera vuelta/ronda (r)	hilera (h)/carrera vuelta/ronda (r)	row/round (rnd)	row/round (rnd)	
anillo	anillo	ring	ring	

PARÉNTESIS Y CORCHETES

En este libro, uso los paréntesis para indicar las instrucciones que deben repetirse a lo largo de una vuelta o hilera una determinada cantidad de veces.
El número entre corchetes al final de cada línea muestra el número total de puntos que deberían tener al final de la hilera.
Por ejemplo: **3v. (1 mp, 1 aum) repetir 6 veces [18]**
"3v." indica la vuelta en la que nos encontramos, en este caso, la tercera.
Las instrucciones dentro del **paréntesis** son los puntos que deben repetir 6 veces a lo largo de la vuelta.
"[18]" es el número total de puntos que se deberían tener al finalizar la vuelta.
Cuando las instrucciones se repiten a lo largo de varias vueltas o hileras, leerán **"10v-20v."**, lo que indica que se deben seguir las mismas instrucciones desde la vuelta, o hilera, 10 a la 20 (incluida).

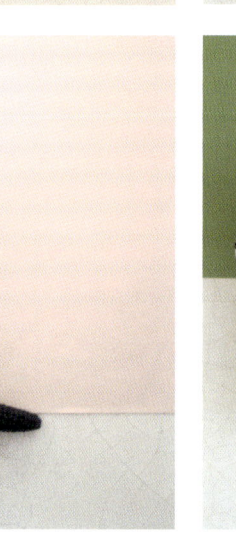

Logan Koala

Al criarse en la playa junto a sus hermanas —una equidna y dos ualabíes— y sus hermanos —un uombat y tres ornitorrincos—, Logan siempre tuvo que trabajar un poco más para obtener lo que quería…Y lo que más quería en el mundo era surfear las olas como sus hermanas y hermanos mayores. Pero, con solo dos tablas de surf para compartir entre toda la familia, Logan también aprendió a ser paciente, a darse tiempo para observar y disfrutar el maravilloso mundo que lo rodeaba. Y sabe lo afortunado que es al ser tan amado por su familia, de tener siempre a alguien que lo abrace cuando tiene miedo o se siente un poco triste.
Pequeño en tamaño, pero ya casi un adulto, Logan está terminando su estudios en Ingeniería ambiental, la mejor forma que encontró de devolver todo el amor que recibió y cuidar el hogar que tanto le dio.

NIVEL: *

Tamaño: 22 cm (orejas incluidas)

Materiales:
– Hilo de algodón mediano (*worsted*) en:
 · gris ceniza
 · crudo
 · gris grafito
 · verde azulado
 · verde
 · rosa pastel
 · negro
– Hilo de algodón fino (*fingering*) en:
 · gris ceniza
 · crudo
– Aguja de crochet de 2,75 mm
– Ojos plásticos de seguridad de 10 mm
– Vellón siliconado

Conocimientos necesarios: *trabajar con dos hebras de hilo, anillo mágico (página 32), cambiar color al inicio de la vuelta (página 35), dividir el cuerpo en dos partes (página 47), bordar (página 38), unir partes (página 39), hacer un pompón.*

Nota: *Todas las partes están tejidas en hilo mediano (worsted), excepto aquellas que están trabajadas con una mezcla de 2 colores*

Nota: *La cabeza y el cuerpo están tejidos en una sola pieza.*

NARIZ

(comiencen con gris grafito)
1v: Tejan un anillo de 6 mp [6].
2v: 1 aum en cada uno de los 6 mp [12].
3v: (1 mp, 1 aum) repitan 6 veces [18].
4v-8v: 1 mp en cada uno de los 18 mp [18].
Cambien a la mezcla gris ceniza y crudo. Corten la hebra color gris grafito, dejando una hebra larga para coser.
9v-13v: 1 mp en cada uno de los 18 mp [18].
Con negro, borden la boca. Rellenen un poco la nariz.
14v: (1 mp, 1 dism) repitan 6 veces [12].
15v: 6 dism [6].
Corten dejando una hebra larga para cerrar los últimos 6 puntos. Con la aguja de tapicería, pasen por el medio de cada punto y ajusten hasta cerrar el agujero. Corten dejando una hebra larga para coser.

CABEZA Y CUERPO

(comiencen con gris ceniza)
1v: Tejan un anillo de 6 mp [6].
2v: 1 aum en cada uno de los 6 mp [12].
3v: (1 mp, 1 aum) repitan 6 veces [18].
4v: (2 mp, 1 aum) repitan 6 veces [24].
5v: (3 mp, 1 aum) repitan 6 veces [30].
6v: (4 mp, 1 aum) repitan 6 veces [36].
7v: (5 mp, 1 aum) repitan 6 veces [42].
8v: (6 mp, 1 aum) repitan 6 veces [48].
9v: (7 mp, 1 aum) repitan 6 veces [54].
10v: (8 mp, 1 aum) repitan 6 veces [60].
11v-22v: 1 mp en cada uno de los 60 mp [60].
23v: (3 mp, 1 dism) repitan 12 veces [48].
24v: (2 mp, 1 dism) repitan 12 veces [36].
Cosan la nariz entre las vueltas 8 y 22, del lado opuesto al inicio de las vueltas. Coloquen los ojos entre las vueltas 16 y 17, a 3 mp de distancia de la nariz. Con rosa pastel, borden las mejillas bajo los ojos.
25v: (4 mp, 1 dism) repitan 6 veces [30].
26v: (3 mp, 1 dism) repitan 6 veces [24].
27v: (4 mp, 1 dism) repitan 4 veces [20].

Rellenen la cabeza. Cambien a color verde azulado.
28v: (4 mp, 1 aum) repitan 4 veces [24].
29v: (3 mp, 1 aum) repitan 6 veces [30].
30v: (4 mp, 1 aum) repitan 6 veces [36].
31v-36v: 1 mp en cada uno de los 36 mp [36].
37v: (8 mp, 1 aum) repitan 4 veces [40].

38v: 1 mp en cada uno de los 40 mp [40]
Con verde y rosa pastel, borden el patrón de hojas en la camiseta. Cambien a gris ceniza.
39v: Tejan tomando solo la hebra trasera, 1 mp en cada uno de los 40 mp [40].
40v-45v: 1 mp en cada uno de los 40 mp [40].

PATAS

Dividan el tejido marcando 4 puntos para el espacio central delantero entre las patas, 4 puntos para el espacio trasero y 16 puntos para cada extremidad (acá es muy útil el marcador de puntos). Si las patas no quedaran bien alineadas con la cabeza, tejan o destejan algunos mp para llegar a la posición deseada. Unan con 1 mp el último punto para la pata en la parte trasera con el 1.er punto en la parte delantera (este punto contará como el 1.er mp de la 1.a vuelta). Así, los puntos para la primera pata estarán unidos para seguir tejiendo en vueltas. Continúen tejiendo:

46v-49v: 1 mp en cada uno de los 16 mp [16].
50v: (6 mp, 1 dism) repitan 2 veces [14].
51v: 1 mp en cada uno de los 14 mp [14].
52v: (5 mp, 1 dism) repitan 2 veces [12].
53v: 1 mp en cada uno de los 12 mp [12]
Rellenen firmemente el torso y la primera pata.
54v: 6 dism [6].
Corten dejando una hebra larga para cerrar los 6 últimos puntos. Con la aguja de tapicería, pasen por el medio de cada punto y ajusten hasta cerrar el agujero. Rematen.

Segunda pata
Con gris ceniza, retomen en el 5.º punto sin tejer de la espalda en la vuelta 45, dejando una hebra de inicio larga para luego cerrar la entrepierna. Desde este punto, comiencen a tejer la segunda pata.

46v: 1 mp en cada uno de los 16 mp. Al llegar al punto 16, unan con 1 mp al 1.er punto de la vuelta (el que se hizo al retomar el tejido) [16].

47v-54v: Repitan el patrón de la primera pata. Terminen de rellenar el cuerpo y la segunda pata. Con una aguja de tapicería, cierren la separación entre las patas cosiendo los 4 puntos centrales con la hebra larga que dejaron al retomar el tejido.

BRAZOS

(hagan 2, comiencen con gris ceniza)
1v: Tejan un anillo de 6 mp [6].
2v: 1 mp en cada uno de los 6 mp [6].
3v: (1 mp, 1 aum) repitan 3 veces [9].
4v-5v: 1 mp en cada uno de los 9 mp [9].
6v: (2 mp, 1 aum) repitan 3 veces [12].
7v-8v: 1 mp en cada uno de los 12 mp [12].
9v: (3 mp, 1 aum) repitan 3 veces [15].
10v-12v: 1 mp en cada uno de los 15 mp [15].
Cambien a verde azulado.
13v: 1 mp en cada uno de los 15 mp [15].
14v: (3 mp, 1 dism) repitan 3 veces [12].
15v: (4 mp, 1 dism) repitan 2 veces [10].
Corten dejando una hebra larga para coser. Con verde y rosa pastel, borden el patrón de hojas en las mangas de la camiseta. Rellenen los brazos. Cósanlos entre las vueltas 29 y 30.

OREJAS

(hagan 2 con gris ceniza)
1v: Tejan un anillo de 6 mp [6].
2v: 1 aum en cada uno de los 6 mp [12].
3v: (1 mp, 1 aum) repitan 6 veces [18].
4v: (2 mp, 1 aum) repitan 6 veces [24].
5v: (3 mp, 1 aum) repitan 6 veces [30].
6v: (4 mp, 1 aum) repitan 6 veces [36].
7v-12v: 1 mp en cada uno de los 36 mp [36].
Corten dejando una hebra larga para coser. No las rellenen. Hagan 2 pompones de 5 cm de diámetro de color crudo. Cósanlos dentro de la oreja. Cosan las orejas a la cabeza.

Darwin Tortuga

Darwin nació hace sesenta años en las famosas y bellas Islas Galápagos. Toda su familia ha vivido durante muchísimo tiempo en las islas y Darwin está orgulloso de decir que, de hecho, su tío era amigo personal de Charles Darwin y estuvo a bordo del HMS Beagle durante un tiempo. Cuando se enteró del origen de su nombre, Darwin decidió hacerle honor y estudiar historia natural, pero a su ritmo. Mientras tanto, disfruta de su trabajo como guía en las islas, enseñando lo que aprende en sus cursos, tomando nota de absolutamente todo lo que descubre en el camino y, por supuesto, contando una y mil veces la historia de aquella vez que su tío conoció al mismísimo Charles Darwin.

NIVEL: *

Tamaño: 24 cm

Materiales:
– Hilo de algodón mediano (*worsted*) en:
  · verde salvia
  · crudo
  · azul francés
  · gris grafito
  · celeste agua
  · rosa pastel
  · amarillo
  · negro
– Aguja de crochet de 2,75 mm
– Ojos plásticos de seguridad de 10 mm
– Vellón siliconado

Conocimientos necesarios:
anillo mágico (página 32), tejer a ambos lados de la cadena base (página 34), cambiar color al inicio de la vuelta (página 35), dividir el cuerpo en dos partes (página 47), bordar (página 38), unir partes (página 39).

Nota: La cabeza y el cuerpo están tejidos en una sola pieza.

CACHETES

(hagan 2 con rosa pastel)
1v: Tejan un anillo de 6 mp [6].
2v: 1 aum en cada uno de los 6 mp [12].
Corten dejando una hebra larga para coser.

CABEZA Y CUERPO

(comiencen con verde salvia)
1v: Tejan un anillo de 6 mp [6].
2v: 1 aum en cada uno de los 6 mp [12].
3v: (1 mp, 1 aum) repitan 6 veces [18].
4v: (2 mp, 1 aum) repitan 6 veces [24].
5v: (3 mp, 1 aum) repitan 6 veces [30].
6v: (4 mp, 1 aum) repitan 6 veces [36].
7v: (5 mp, 1 aum) repitan 6 veces [42].
8v: (6 mp, 1 aum) repitan 6 veces [48].
9v: (7 mp, 1 aum) repitan 6 veces [54].
10v: (8 mp, 1 aum) repitan 6 veces [60].
11v-20v: 1 mp en cada uno de los 60 mp [60].
21v: (3 mp, 1 dism) repitan 12 veces [48].
22v: (2 mp, 1 dism) repitan 12 veces [36].
23v: (4 mp, 1 dism) repitan 6 veces [30].
Con hilo negro, borden la boca entre las vueltas 16 y 17, y 2 pequeñas líneas para la nariz en la vuelta 14. Coloquen los ojos entre las vueltas 15 y 16, a unos 4 mp de la boca. Cosan los cachetes bajo los ojos, entre las vueltas 16 y 19. Con hilo celeste agua, borden pequeñas líneas sobre las vueltas 9, 11 y 13.
24v: (3 mp, 1 dism) repitan 6 veces [24].
25v: (4 mp, 1 dism) repitan 4 veces [20].
26v: 1 mp en cada uno de los 20 mp [20]. Rellenen la cabeza. Continúen con un patrón a rayas, alternando una vuelta en color blanco con una vuelta en color azul francés.
27v: (1 mp, 1 aum) repitan 10 veces [30].
28v: 1 mp en cada uno de los 30 mp [30].
29v: (4 mp, 1 aum) repitan 6 veces [36].
30v-34v: 1 mp en cada uno de los 36 mp [36].
35v: (8 mp, 1 aum) repitan 4 veces [40].
36v-37v: 1 mp en cada uno de los 40 mp [40].
Cambien a color verde salvia.
38v: Tejan tomando solo la hebra trasera, 1 mp en cada uno de los 40 mp [40].
39v-43v: 1 mp en cada uno de los 40 mp [40].
44v: (8 mp, 1 dism) repitan 4 veces [36].
45v-47v: 1 mp en cada uno de los 36 mp [36].

PATAS

Dividan el tejido marcando 3 puntos para el espacio central delantero entre las patas, 3 puntos para el espacio trasero y 15 puntos para cada extremidad (acá es muy útil el marcador de puntos). Si las patas no quedaran bien alineadas con la cabeza, tejan o destejan algunos mp para llegar a la posición deseada. Unan con 1 mp el último punto para la pata en la parte trasera con el 1.er punto en la parte delantera (este punto contará como el 1.er mp de la 1.ª vuelta). Así, los puntos para la primera pata estarán unidos para seguir tejiendo en vueltas. Continúen tejiendo:
48v-57v: 1 mp en cada uno de los 15 mp [15]. Rellenen firmemente el torso y la primera pata.
58v: (1 mp, 1 dism) repitan 5 veces [10].
59v: 5 dism [5].
Corten dejando una hebra larga para cerrar los últimos 5 puntos. Con la aguja de tapicería, pasen por el medio de cada punto y ajusten hasta cerrar el agujero. Rematen.

Segunda pata
Con verde salvia, retomen en el 4.° punto sin tejer de la espalda en la vuelta 47, dejando una hebra de inicio larga para luego cerrar la entrepierna. Desde este punto, comiencen a tejer la segunda pata.
48v: 1 mp en cada uno de los 15 mp. Al llegar al punto 15, unan con 1 mp al 1.er punto de la vuelta (el que se hizo al retomar el tejido) [15].
49v-59v: Repitan el patrón de la primera pata. Terminen de rellenar el cuerpo y la segunda pata. Con una aguja de tapicería, cierren la separación entre las patas cosiendo los 3 puntos centrales con la hebra larga que dejaron al retomar el tejido.

PUNTITOS DEL CAPARAZÓN

(hagan 12 con rosa pastel)
1v: Tejan un anillo de 6 mp [6].
Corten dejando una hebra larga para coser.

CAPARAZÓN

(con gris grafito)
1v: Tejan un anillo de 6 mp [6].
2v: 1 aum en cada uno de los 6 mp [12].
3v: (1 mp, 1 aum) repitan 6 veces [18].
4v: (1 mp, 1 aum) repitan 9 veces [27].
5v: (2 mp, 1 aum) repitan 9 veces [36].
6v: (3 mp, 1 aum) repitan 9 veces [45].
7v-8v: 1 mp en cada uno de los 45 mp [45].
9v: (4 mp, 1 aum) repitan 9 veces [54].
10v-11v: 1 mp en cada uno de los 54 mp [54].
12v: (5 mp, 1 aum) repitan 9 veces [63].
13v: 1 mp en cada uno de los 63 mp [63].
14v: Tejan tomando solo la hebra trasera, (5 mp, 1 dism) repitan 9 veces [54].
15v: (4 mp, 1 dism) repitan 9 veces [45].
16v: (3 mp, 1 dism) repitan 9 veces [36].
Corten dejando una hebra larga para coser. Con color gris grafito, retomen en el 1.er punto delantero de la vuelta 14 y tejan una vuelta de 63 p enano. Rematen.
Cosan los puntitos rosa en el caparazón. Rellenen. Cosan el caparazón al cuerpo entre las vueltas 27 y 40.

BRAZOS

(hagan 2, comiencen con verde salvia)
1v: Tejan un anillo de 5 mp [5].
2v: 1 aum en cada uno de los 5 mp [10].
3v-12v: 1 mp en cada uno de los 10 mp [10].
Continúen con un patrón a rayas, alternando una vuelta en color blanco con una vuelta en color azul francés.
13v-16v: 1 mp en cada uno de los 10 mp [10].
17v: (3 mp, 1 dism) repitan 2 veces [8].
Corten dejando una hebra larga para coser. Rellenen. Cósanlos entre las vueltas 28 y 29.

COLA

(con verde salvia)
1v: Tejan un anillo de 5 mp [5].
2v: 1 mp en cada uno de los 5 mp [5].
3v: 1 aum en cada uno de los 5 mp [10].
Corten dejando una hebra larga para coser. No la rellenen. Cosan la cola en la parte de atrás, centrada debajo del caparazón, entre las vueltas 41 y 42.

BOTAS DE LLUVIA

(hagan 2 con amarillo)
Tejan 8 cad. Tejan a ambos lados de la cadena base.
1v: Comiencen en el 2.º p cad desde la aguja, 1 aum, 5 mp, 4 mp en último p cad. Continúen sobre el otro lado de la cadena base, 5 mp, 1 aum [18].
2v: 2 aum, 5 mp, 4 aum, 5 mp, 2 aum [26].
3v: 2 aum, 10 mp, 1 aum, 1 mp, 1 aum, 10 mp, 1 aum [31].
4v: Tejan tomando solo la hebra trasera, 1 mp en cada uno de los 31 mp [31].
5v: 11 mp, 2 dism, 1 mp, 2 dism, 11 mp [27].
6v: 10 mp, 5 dism, 7 mp [22].
7v: 10 mp, 2 dism, 8 mp [20].
8v-10v: 1 mp en cada uno de los 20 mp [20].
11v: 1 p enano en cada uno de los 20 mp [20].
Corten la hebra y rematen. Con color crudo, retomen en el 1.ᵉʳ punto delantero de la vuelta 4 y tejan una vuelta de 31 p enano. Corten la hebra y rematen.

Satsuki Gata

Cuando Satsuki era una pequeña gatita recibió su primer cuaderno y una caja de lápices de 48 colores. Estaba tan maravillada que no se animó a tocar sus regalos durante días. Cuando los usó por primera vez, cuidó de no estropear ni una sola hoja ni de gastar demasiado la punta de ningún lápiz. A Satsuki le gustaba escribir y dibujar, pero amaba aún más mirar su hermoso cuaderno forrado en lino azul y su deslumbrante estuche de lápices rojo. Con los años, reunió una colección de papelería tan grande que terminó por ocupar toda su habitación. Y cuando vio que no le quedaba más espacio en toda la casa, se animó a dar un gran salto. Hoy es la orgullosa y feliz dueña de una pequeña y bonita papelería, el espacio donde puede transmitir su pasión a cualquiera que decida cruzar su puerta roja y sus cortinas de lino azul.

NIVEL: **

Tamaño: 31 cm

Materiales:
– Hilo de algodón mediano (*worsted*) en:
  · gris ceniza
  · gris grafito
  · crudo
  · negro
  · rosa pastel
– Aguja de crochet de 2,75 mm
– Ojos plásticos de seguridad de 10 mm
– Vellón siliconado

Conocimientos necesarios: anillo mágico (página 32), tejer a ambos lados de la cadena base (página 34), cambiar color al inicio de la vuelta (página 35), cambiar de color en el medio de la vuelta (página 35), tejer en hileras, dividir el cuerpo en dos partes (página 47), punto espiga (página 29) bordar (página 38), unir partes (página 39).

Nota: *La cabeza y el cuerpo están tejidos en una sola pieza.*

CACHETES

(hagan 2 con rosa pastel)
1v: Tejan un anillo de 8 mp [8].
Corten dejando una hebra larga para coser.

HOCICO

(con crudo)
Tejan 6 cad. Tejan a ambos lados de la cadena base.
1v: Comiencen en el 2.º p cad desde la aguja, 4 mp, 3 mp en último p cad. Continúen sobre el otro lado de la cadena base, 3 mp, 1 aum [12].
2v: 1 aum, 3 mp, 3 aum, 3 mp, 2 aum [18].
3v-4v: 1 mp en cada uno de los 18 mp [18].
Corten dejando una hebra larga para coser. Con negro, borden la nariz y la boca. Rellenen un poquito el hocico.

CABEZA Y CUERPO

(comiencen con gris ceniza)
1v: Tejan un anillo de 6 mp [6].
2v: 1 aum en cada uno de los 6 mp [12].
3v: (1 mp, 1 aum) repitan 6 veces [18].
4v: (2 mp, 1 aum) repitan 6 veces [24].
5v: (3 mp, 1 aum) repitan 6 veces [30].
6v: (4 mp, 1 aum) repitan 6 veces [36].
7v: (5 mp, 1 aum) repitan 6 veces [42].
8v: (6 mp, 1 aum) repitan 6 veces [48].
9v: (7 mp, 1 aum) repitan 6 veces [54].
10v-12v: 1 mp en cada uno de los 54 mp [54].
A partir de la siguiente vuelta, tejan alternando colores (gris ceniza y crudo). El color con el que se trabaja se indica antes entre paréntesis.
13v-14v: (*gris ceniza*) 26 mp, (*crudo*) 2 mp, (*gris ceniza*) 26 mp [54].
15v-16v: (*gris ceniza*) 25 mp, (*crudo*) 4 mp, (*gris ceniza*) 25 mp [54].
17v: (*gris ceniza*) 24 mp, (*crudo*) 6 mp, (*gris ceniza*) 24 mp [54].
18v: (*gris ceniza*) (2 mp, 1 aum) repitan 7 veces, 2 mp, (*crudo*) (1 aum, 2 mp) repitan 3 veces, (*gris ceniza*) 1 aum, (2 mp, 1 aum) repitan 7 veces [72].
Continúen en color crudo.

19v-21v: 1 mp en cada uno de los 72 mp [72].
22v: (4 mp, 1 dism) repitan 12 veces [60].
23v: (3 mp, 1 dism) repitan 12 veces [48].
24v: (2 mp, 1 dism) repitan 12 veces [36].
Cosan el hocico entre las vueltas 17 y 22. Coloquen los ojos de seguridad entre las vueltas 17 y 18, a 2 mp de distancia del hocico. Con gris grafito, borden 3 líneas horizontales a ambos lados de la cabeza y líneas verticales arriba del hocico.
25v: (4 mp, 1 dism) repitan 6 veces [30].
26v: (3 mp, 1 dism) repitan 6 veces [24].
27v: (2 mp, 1 dism) repitan 6 veces [18].
28v: 1 mp en cada uno de los 18 mp [18].
Rellenen la cabeza. Continúen con un patrón a rayas, alternando una vuelta en color gris grafito con una vuelta en blanco.
29v: (2 mp, 1 aum) repitan 6 veces [24].
30v: (3 mp, 1 aum) repitan 6 veces [30].
31v-33v: 1 mp en cada uno de los 30 mp [30].
34v: (4 mp, 1 aum) repitan 6 veces [36].
35v-38v: 1 mp en cada uno de los 36 mp [36].
Cambien a color gris ceniza.
39v: Tejan tomando solo la hebra trasera, 1 mp en cada uno de los 36 mp [36].
40v-44v: 1 mp en cada uno de los 36 mp [36].

PATAS

Dividan el tejido marcando 3 puntos para el espacio central delantero entre las patas, 3 puntos para el espacio trasero y 15 puntos para cada extremidad (acá es muy útil el marcador de puntos). Si las patas no quedaran bien alineadas con la cabeza, tejan o destejan algunos mp para llegar a la posición deseada. Unan con 1 mp el último punto para la pata en la parte trasera con el 1.er punto en la parte delantera (este punto contará como el 1.er mp de la 1.a vuelta). Así, los puntos para la primera pata estarán unidos para seguir tejiendo en vueltas. Continúen tejiendo:
45v-68v: 1 mp en cada uno de los 15 mp [15].
Rellenen firmemente el torso y la primera pata.
69v: (1 mp, 1 dism) repitan 5 veces [10].
70v: 5 dism [5].
Corten dejando una hebra larga para cerrar los últimos 5 puntos. Con la aguja de tapicería, pasen por el medio de cada punto y ajusten hasta cerrar el agujero. Rematen.

Segunda pata
Con gris ceniza, retomen en el 4.º punto sin tejer de la espalda en la vuelta 44, dejando una hebra de inicio larga para luego cerrar la entrepierna. Desde este punto, comiencen a tejer la segunda pata.
45v: 1 mp en cada uno de los 15 mp. Al llegar al punto 15, unan con 1 mp al 1.er punto de la vuelta (el que se hizo al retomar el tejido) [15].
46v-70v: Repitan el patrón de la primera pata. Terminen de rellenar el cuerpo y la segunda pata. Con una aguja de tapicería, cierren la separación entre las patas cosiendo los 3 puntos centrales con la hebra larga que dejaron al retomar el tejido.

BRAZOS

(hagan 2, comiencen con gris ceniza)
1v: Tejan un anillo de 6 mp [6].
2v: 1 aum en cada uno de los 6 mp [12].
3v-4v: 1 mp en cada uno de los 12 mp [12].
5v: 1 mp, 1 p mota, 10 mp [12].
6v-12v: 1 mp en cada uno de los 12 mp [12].
Continúen con un patrón a rayas, alternando una vuelta en color blanco con una vuelta en color gris grafito.
13v-20v: 1 mp en cada uno de los 12 mp [12].
21v: (1 mp, 1 dism) repitan 4 veces [8].
Corten dejando una hebra larga para coser. Rellenen. Cósanlos entre las vueltas 30 y 31.

OREJAS

(hagan 2, con gris ceniza)
1v: Tejan un anillo de 5 mp [5].
2v: 1 mp en cada uno de los 5 mp [5].
3v: 1 aum en cada uno de los 5 mp [10].
4v: 1 mp en cada uno de los 10 mp [10].
5v: (1 mp, 1 aum) repitan 5 veces [15].
6v: 1 mp en cada uno de los 15 mp [15].
7v: (2 mp, 1 aum) repitan 5 veces [20].
8v: 1 mp en cada uno de los 20 mp [20].
Corten dejando una hebra larga para coser. Con rosa pastel, borden líneas en el interior. No las rellenen y aplánenlas antes de coserlas entre las vueltas 3 y 12.

COLA

(comiencen con crudo)
1v: Tejan un anillo de 6 mp [6].
2v: (1 mp, 1 aum) repitan 3 veces [9]
3v-10v: 1 mp en cada uno de los 9 mp [9].
Cambien a color gris ceniza. Rellenen un poco y continúen rellenando a medida que tejan.
11v-40v: 1 mp en cada uno de los 9 mp [9].
Corten dejando una hebra larga para coser. Si es necesario, agreguen más relleno. Cosan la cola en la parte de atrás, centrada alrededor de la vuelta 41.

JUMPER

(con marrón)
Tejan 40 cad. Asegúrense de que la cadena no esté torcida y unan ambos extremos con 1 p enano. Continúen trabajando en espiral.
1v-2v: 1 mp en cada uno de los 40 p [40].
3v: (9 mp, 1 aum) repitan 4 veces [44].
4v: 1 mp en cada uno de los 44 mp [44].
5v: (10 mp, 1 aum) repitan 4 veces [48].
6v: 1 mp en cada uno de los 48 mp [48].
7v: (11 mp, 1 aum) repitan 4 veces [52].
8v-9v: 1 mp en cada uno de los 52 mp [52].
10v: (12 mp, 1 aum) repitan 4 veces [56].
11v-12v: 1 mp en cada uno de los 56 mp [56].
13v: (13 mp, 1 aum) repitan 4 veces [60].
14v-15v: 1 mp en cada uno de los 60 mp [60].
16v: (14 mp, 1 aum) repitan 4 veces [64].
17v: 1 p enano en cada uno de los 64 mp [64].
Corten la hebra y rematen.
Continúen trabajando en la pechera, tomando 8 puntos centrales de la vuelta 1 de la falda y tejiendo en hileras horizontales, ida y vuelta. Retomen insertando la aguja de crochet desde el lado derecho del tejido, hagan una cadena y sigan trabajando de la siguiente manera:
1h: 1 mp en cada uno de los 8 p, 2 cad y giren el tejido [8].
2h: 1 p musgo en cada uno de los 8 p, 1 cad y giren el tejido [8].
3h: 1 p musgo en cada uno de los 8 p [8].
Sin cortar la hebra, continúen tejiendo los tirantes y la cintura.
Tejan 31 cad, comiencen en el 2.° p cad desde la aguja, 30 p enano. Continúen trabajando sobre el lado izquierdo de la pechera y tejan 1 mp en cada uno de los 3 puntos finales de la hilera. Continúen tejiendo alrededor de la cintura, 32 mp. Sigan sobre el lado derecho de la pechera y tejan 1 mp en cada uno de los 3 puntos finales de hilera.
Tejan 31 cad, comiencen en el 2.° p cad desde la aguja, 30 p enano. Terminen en el borde superior de la pechera, tejiendo 6 p enano.
Corten la hebra y rematen. Crucen los tirantes en la espalda y cósanlos a la falda con un espacio de 8 puntos. Otra alternativa es atar los tirantes alrededor del cuello.

MOÑO

(comiencen con rosa pastel)
Tejan 35 cad. Asegúrense de que la cadena no esté torcida y unan ambos extremos con 1 p enano. Continúen trabajando en espiral.
1v: 1 mp en cada uno de los 35 p cad [35].
Cambien a color crudo.
2v: (1 mp tomando solo la hebra trasera, 1 p espiga en el punto de la vuelta anterior) repitan hasta el final de la vuelta [35].
Cambien a color rosa pastel.
3v: (1 p espiga en el punto de la vuelta anterior, 1 mp tomando solo la hebra trasera) repitan hasta el final de la vuelta [35].
4v: (1 mp tomando solo la hebra trasera, 1 p espiga en el punto de la vuelta anterior) repitan hasta el final de la vuelta [35].
Cambien a color crudo.
5v: (1 p espiga en el punto de la vuelta anterior, 1 mp tomando solo la hebra trasera) repitan hasta el final de la vuelta [35].
Cambien a color rosa pastel.
6v-8v: Repitan las vueltas 3 a 5.
Cambien a color rosa pastel.
9v: (1 p espiga en el punto de la vuelta anterior, 1 mp tomando solo la hebra trasera) repitan hasta el final de la vuelta [35].
Corten y rematen.

CINTA DEL CENTRO

(con rosa)
Tejan 14 cad. No las unan.
1h: Comiencen en el 2.° p cad desde la aguja, 1 mp en cada uno de los 13 p [13].
Corten dejando una hebra larga para coser. Cosan la cinta del centro en el centro del moño. Cosan el moño en uno de los tirantes del jumper.

Mario Mapache

Mario es chofer de autobús y adora su trabajo. Cinco días a la semana conduce su vehículo a través del valle, conectando dos pequeños pueblos y pasando por una diminuta aldea junto al río. A Mario le encanta observar el paso de las estaciones a lo largo del año (tiene corazón de poeta), pero de lo que más disfruta es de las conversaciones con los pasajeros. Le encanta hablar sobre el clima o sobre la próxima cosecha y, obviamente, compartir algún que otro chisme.

Después de leer una columna sobre la vida de autores famosos, a Mario se le ocurrió la genial idea de escribir las historias de todas las personas que había llevado en su autobús a lo largo de los años. Ahora aprovecha su descanso de dos horas para escribir ideas. Ya tiene suficiente material como para escribir una saga de tres volúmenes, pero dice que todavía necesita un poco más (aunque todos sabemos que probablemente sea una excusa para seguir husmeando).

NIVEL: **

Tamaño: 24 cm (orejas incluidas)

Materiales:
– Hilo de algodón mediano (*worsted*) en:
  · gris cálido claro
  · gris cálido oscuro
  · gris verdoso
  · mostaza
  · crudo
  · negro
  · rosa pastel
– Aguja de crochet de 2,75 mm
– Aguja de crochet de 3,50 mm
– Ojos plásticos de seguridad de 10 mm
– Vellón siliconado

Conocimientos necesarios:
anillo mágico (página 32), cambiar color al inicio de la vuelta (página 35), cambiar de color en el medio de la vuelta (página 35), tejer en hileras, dividir el cuerpo en dos partes (página 47), medio punto elástico (página 30), bordar (página 38), unir partes (página 39).

Nota: Usen siempre la aguja de 2,75, salvo que se indique lo contrario.

Nota: La cabeza y el cuerpo están tejidos en una sola pieza.

HOCICO

(comiencen con negro)
1v: Tejan un anillo de 6 mp [6].
2v: 1 aum en cada uno de los 6 mp [12].
3v: 1 mp en cada uno de los 12 mp [12].
A partir de la siguiente vuelta, tejan alternando colores (crudo y gris cálido oscuro). El color con el que se trabaja se indica antes entre paréntesis.
4v: (*crudo*) 4 mp, (*gris cálido oscuro*) 4 mp, (*crudo*) 4 mp [12].
5v: (*crudo*) (1 mp, 1 aum) repitan 2 veces, (*gris cálido oscuro*) (1 mp, 1 aum) repitan 2 veces, (*crudo*) (1 mp, 1 aum) repitan 2 veces [18].
6v-8v: (*crudo*) 6 mp, (*gris cálido oscuro*) 6 mp, (*crudo*) 6 mp [18].
Corten dejando una hebra larga para coser. Con negro, borden la boca. Rellenen un poco el hocico.

CABEZA Y CUERPO

(comiencen con gris cálido claro)
1v: Tejan un anillo de 6 mp [6].
2v: 1 aum en cada uno de los 6 mp [12].
3v: (1 mp, 1 aum) repitan 6 veces [18].
4v: (1 mp, 1 aum) repitan 9 veces [27].
5v: (2 mp, 1 aum) repitan 9 veces [36].
6v: (3 mp, 1 aum) repitan 9 veces [45].
7v: (4 mp, 1 aum) repitan 9 veces [54].
8v-10v: 1 mp en cada uno de los 54 mp [54].
11v: (8 mp, 1 aum) repitan 6 veces [60].
A partir de la siguiente vuelta, tejan alternando colores (gris cálido claro, crudo y gris cálido oscuro). El color con el que se trabaja se indica antes entre paréntesis.
12v: (*gris cálido claro*) 19 mp, (*crudo*) 22 mp, (*gris cálido claro*) 19 mp [60].
13v: (*gris cálido claro*) 17 mp, (*crudo*) 2 mp, (*gris cálido oscuro*) 22 mp, (*crudo*) 2 mp, (*gris cálido claro*) 17 mp [60].
14v: (*gris cálido claro*) 16 mp, (*crudo*) 2 mp, (*gris cálido oscuro*) 24 mp, (*crudo*) 2 mp, (*gris cálido claro*) 16 mp [60].
Corten el color crudo y continúen con el gris cálido claro y el gris cálido oscuro.
15v: (*gris cálido claro*) 9 mp, 1 aum, 6 mp,

(*gris cálido oscuro*) 3 mp, 1 aum, (9 mp, 1 aum) repitan 2 veces, 4 mp, (*gris cálido claro*) 5 mp, 1 aum, 9 mp, 1 aum [66].
16v-18v: (*gris cálido claro*) 17 mp (*gris cálido oscuro*) 31 mp (*gris cálido claro*) 18 mp [66].
19v: (*gris cálido claro*) 19 mp (*gris cálido oscuro*) 27 mp (*gris cálido claro*) 20 mp [66].
20v: (*gris cálido claro*) 9 mp, 1 dism, 9 mp, (*gris cálido oscuro*) 1 dism, (9 mp, dism) repitan 2 veces, 1 mp, (*gris cálido claro*) 8 mp, 1 dism, 9 mp, 1 dism [60].
Continúen en gris cálido claro.
21v: (8 mp, 1 dism) repitan 6 veces [54].
22v: (4 mp, 1 dism) repitan 9 veces [45].
Cosan el hocico entre las hileras 15 y 20. Coloquen los ojos de seguridad entre las hileras 16 y 17, a 3 mp de distancia del hocico. Con rosa pastel, borden los cachetes.
23v: (3 mp, 1 dism) repitan 9 veces [36].
24v: (4 mp, 1 dism) repitan 6 veces [30].
25v: (3 mp, 1 dism) repitan 6 veces [24].
26v: 1 mp en cada uno de los 24 mp [24].
Rellenen la cabeza. Cambien a color mostaza.
27v: (3 mp, 1 aum) repitan 6 veces [30].
28v: 1 mp en cada uno de los 30 mp [30].
29v: (4 mp, 1 aum) repitan 6 veces [36].
30v-31v: 1 mp en cada uno de los 36 mp [36].
32v: (5 mp, 1 aum) repitan 6 veces [42].
33v-36v: 1 mp en cada uno de los 42 mp [42].
37v: (6 mp, 1 aum) repitan 6 veces [48].
38v-39v: 1 mp en cada uno de los 48 mp [48].
Cambien a color gris cálido claro.
40v: Tejan tomando solo la hebra trasera, 1 mp en cada uno de los 48 mp [48].
41v-47v: 1 mp en cada uno de los 48 mp [48].
48v: (6 mp, 1 dism) repitan 6 veces [42].
49v-51v: 1 mp en cada uno de los 42 mp [42].

PATAS

Dividan el tejido marcando 5 puntos para el espacio central delantero entre las patas, 5 puntos para el espacio trasero y 16 puntos para cada extremidad (acá es muy útil el marcador de puntos). Si las patas no quedaran bien alineadas con la cabeza, tejan o destejan algunos mp para llegar a la posición deseada. Unan con 1 mp el último punto para la pata en la parte trasera con el 1.er punto en la parte delantera (este punto contará como el 1.er mp de la 1.ª vuelta). Así, los puntos para la primera pata estarán unidos para seguir tejiendo en vueltas. Continúen tejiendo:
52v-54v: 1 mp en cada uno de los 16 mp [16].
Cambien a color gris cálido oscuro.
55v: Tejan tomando solo la hebra trasera, (2 mp, 1 dism) repitan 4 veces [12].
56v-60v: 1 mp en cada uno de los 12 mp [12].
Rellenen firmemente el torso y la primera pata.
61v: 6 dism [6].
Corten dejando una hebra larga para cerrar los últimos 6 puntos. Con la aguja de tapicería, pasen por el medio de cada punto y ajusten hasta cerrar el agujero. Rematen.

Segunda pata
Con gris cálido claro, retomen en el 6.º punto sin tejer de la espalda en la vuelta 51, dejando una hebra de inicio larga para luego cerrar la entrepierna. Desde este punto, comiencen a tejer la segunda pata.
52v: 1 mp en cada uno de los 16 mp. Al llegar al punto 16, unan con 1 mp al 1.er punto de la vuelta (el que se hizo al retomar el tejido) [16].
53v-61v: Repitan el patrón de la primera pata. Terminen de rellenar el cuerpo y la segunda pata. Con una aguja de tapicería, cierren la separación entre las patas cosiendo los 5 puntos centrales con la hebra larga que dejaron al retomar el tejido.

BRAZOS

(hagan 2, comiencen con gris cálido claro)
1v: Tejan un anillo de 6 mp [6].
2v: 1 mp en cada uno de los 6 mp [6].
3v: (1 mp, 1 aum) repitan 3 veces [9].
4v-5v: 1 mp en cada uno de los 9 mp [9].
6v: (2 mp, 1 aum) repitan 3 veces [12].
7v-12v: 1 mp en cada uno de los 12 mp [12].
Cambien a mostaza.
13v-16v: 1 mp en cada uno de los 12 mp [12].
17v: (4 mp, 1 dism) repitan 2 veces [10].
Corten dejando una hebra larga para coser. Rellenen los brazos. Cósanlos entre las vueltas 28 y 29.

OREJAS

(hagan 2, comiencen con gris cálido claro)
1v: Tejan un anillo de 6 mp [6].
2v: 1 aum en cada uno de los 6 mp [12].
A partir de la siguiente vuelta, tejan alternando colores (gris cálido claro y gris cálido oscuro). El color con el que se trabaja se indica antes entre paréntesis.
3v: (*gris cálido claro*) 2 mp, (*gris cálido oscuro*) 2 mp, (*gris cálido claro*) 8 mp [12].
4v-6v: (*gris cálido claro*) 1 mp, (*gris cálido oscuro*) 4 mp, (*gris cálido claro*) 7 mp [12].
Corten dejando una hebra larga para coser. No las rellenen y aplánenlas antes de coserlas a la cabeza.

COLA

(comiencen con gris cálido oscuro)
1v: Tejan un anillo de 6 mp [6].
2v: 1 aum en cada uno de los 6 mp [12].
3v: (1 mp, 1 aum) repitan 6 veces [18].
4v: (2 mp, 1 aum) repitan 6 veces [24].
5v: (3 mp, 1 aum) repitan 6 veces [30].
6v: (4 mp, 1 aum) repitan 6 veces [36].
7v-8v: 1 mp en cada uno de los 36 mp [36].
Continúen con un patrón a rayas, alternando 3 vueltas en color gris cálido claro con 3 vueltas en gris cálido oscuro.
9v-11v: 1 mp en cada uno de los 36 mp [36].
12v: (7 mp, 1 dism) repitan 4 veces [32].
13v-14v: 1 mp en cada uno de los 32 mp [32].
15v: (6 mp, 1 dism) repitan 4 veces [28].
16v-17v: 1 mp en cada uno de los 28 mp [28].
18v: (5 mp, 1 dism) repitan 4 veces [24].
19v-20v: 1 mp en cada uno de los 24 mp [24].
21v: (4 mp, 1 dism) repitan 4 veces [20].
22v-23v: 1 mp en cada uno de los 20 mp [20].
24v: (3 mp, 1 dism) repitan 4 veces [16].
25v-26v: 1 mp en cada uno de los 16 mp [16].
Corten dejando una hebra larga para coser. Rellénenla. Cosan la cola en la parte de atrás, centrada entre las vueltas 43 y 46.

CHALECO

(en gris verdoso, con aguja de crochet de 3,5 mm)
Tejan 25 cad. Tejan en hileras, ida y vuelta.
1h: Comiencen en el 2.º p cad desde la aguja, 24 mp, 2 cad y giren el tejido [24].
2h: (3 pmv, 1 aum) repitan 6 veces, 2 cad y giren el tejido [30].
3h: (4 pmv, 1 aum) repitan 6 veces, 2 cad y giren el tejido [36].
4h: 5 pmv, 5 cad, saltar 7 p, 12 pmv, 5 cad, saltar 7 p, 5 pmv, 2 cad y giren el tejido [32].
5h: 1 pmv en cada una de los 32 p [32].
6h: (7 pmv, 1 aum) repitan 4 veces, 2 cad y giren el tejido [36].
7h: 1 pmv en cada una de las 36 pmv [36].
8h-9h: 1 pmv elástico en cada uno de los 36 p [36].
Al finalizar la última hilera, sin girar el tejido, tejan una vuelta de mp alrededor del cuello y a cada lado del chaleco. Corten la hebra y rematen.

Agatha Abeja

Agatha Abeja tiene una familia muy numerosa. Los ama a todos y cada uno de ellos y está muy orgullosa del trabajo que realizan en su granja de miel. Sin embargo, desde que era una abejita muy chiquitita, supo que el negocio de la miel no era para ella. Quería viajar, pero no podía ir demasiado lejos... Sus alas no son lo suficientemente grandes y, como nació en un campo de margaritas en Nueva Zelanda, tendría que cruzar océanos para llegar a cualquier otro lugar... Y eso de seguro le provocaría mareos. Afortunadamente, en su primer viaje a la costa conoció a un grupo de extraordinarios tatuadores y entonces encontró lo que quería hacer el resto de su vida.
Hoy trabaja como pasante y aprende el oficio. ¡Ya tiene tatuajes en casi todo el cuerpo! Eso sí, por favor, no le cuenten nada a sus padres (aunque seguro que a su abuelo le encantarían sus nuevos tatuajes).

NIVEL: ★★

Tamaño: 18 cm

Materiales:
– Hilo de algodón mediano (worsted) en:
  · ocre
  · gris verdoso
  · crudo
  · gris grafito
  · rosa pastel
  · negro
– Aguja de crochet de 2,75 mm
– Ojos plásticos de seguridad ovalados de 12 mm
– Vellón siliconado

Conocimientos necesarios: anillo mágico (página 32), tejer a ambos lados de la cadena base (página 34), cambiar color al inicio de la vuelta (página 35), bordar (página 38), tejer Jacquard siguiendo un diagrama (página 36), unir partes (página 39).

Nota: La cabeza y el cuerpo están tejidos en una sola pieza.

CACHETES

(hagan 2 con rosa pastel)
1v: Tejan un anillo de 6 mp [6].
Corten dejando una hebra larga para coser.

CABEZA Y CUERPO

(comiencen con ocre)
1v: Tejan un anillo de 6 mp [6].
2v: 1 aum en cada uno de los 6 mp [12].
3v: (1 mp, 1 aum) repitan 6 veces [18].
4v: (2 mp, 1 aum) repitan 6 veces [24].
5v: (3 mp, 1 aum) repitan 6 veces [30].
6v: (4 mp, 1 aum) repitan 6 veces [36].
7v: (5 mp, 1 aum) repitan 6 veces [42].
8v: (6 mp, 1 aum) repitan 6 veces [48].
9v-14v: 1 mp en cada uno de los 48 mp [48]
Continúen con un patrón a rayas verticales. El patrón se realiza alternando 3 puntos en color gris verdoso y 3 puntos en color crudo (vean diagrama). Tengan en cuenta que, en la vuelta 15, el aumento cuenta como 2 puntos. Esto significa que, a veces, el aumento estará formado por 2 puntos del mismo color y otras veces por 1 punto de cada color.
15v: (3 mp, 1 aum) repitan 12 veces [60].
16v-19v: Tejan tomando solo la hebra trasera, 1 mp en cada mp [60].
Coloquen los ojos de seguridad entre las hileras 12 y 13, a una distancia de 10 puntos entre sí. Con negro, borden la boca. Cosan los cachetes al lado de los ojos.
Continúen con un patrón de puntitos (vean diagrama). Alternen 1 vuelta de gris grafito con una vuelta en patrón de puntitos (2 puntos en gris grafito, 1 punto en gris verdoso).
El color o el patrón con el que se trabaja está indicado al comienzo de cada vuelta.
20v: *(gris grafito)* (3 mp, 1 dism) repitan 12 veces [48].
21v: *(patrón de puntitos)* 1 mp en cada uno de los 48 mp [48].
22v: *(gris grafito)* 1 mp en cada uno de los 48 mp [48].

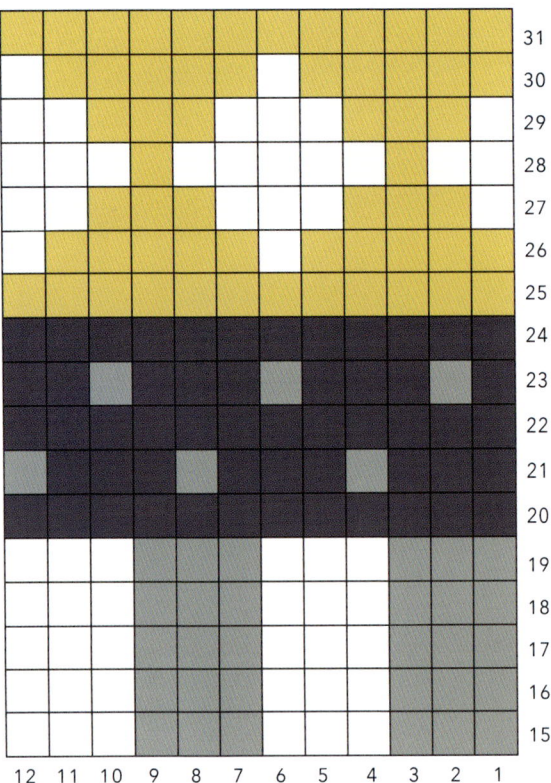

23v: (*comiencen con 1 punto en gris grafito, 1 punto en gris verdoso y continúen con el patrón de puntitos*) 1 mp en cada uno de los 48 mp [48].
24v: (*gris grafito*) 1 mp en cada uno de los 48 mp [48].
Cambien a color mostaza. Continúen con un patrón de diamantes (vean diagrama).
25v: (7 mp, 1 aum) repitan 6 veces [54].
26v-31v: 1 mp en cada uno de los 54 mp [54].
Cambien a color gris grafito.
32v-33v: 1 mp en cada uno de los 54 mp [54].
Cambien a color amarillo mostaza.
34v-35v: 1 mp en cada uno de los 54 mp [54].
36v: (7 mp, 1 dism) repitan 6 veces [48].
37v: (6 mp, 1 dism) repitan 6 veces [42].
Continúen con un patrón a rayas, alternando una vuelta en color crudo con una vuelta en color ocre.
38v: 1 mp en cada uno de los 42 mp [42].
39v: (5 mp, 1 dism) repitan 6 veces [36].
40v: 1 mp en cada uno de los 36 mp [36].
41v: (4 mp, 1 dism) repitan 6 veces [30].
Rellenen firmemente la cabeza y el cuerpo.
42v: (3 mp, 1 dism) repitan 6 veces [24].
43v: (2 mp, 1 dism) repitan 6 veces [18].
44v: (1 mp, 1 dism) repitan 6 veces [12].
45v: 6 dism [6].
Si es necesario, agreguen más relleno. Corten dejando una hebra larga para cerrar los últimos 6 puntos. Con la aguja de tapicería, pasen por el medio de cada punto y ajusten hasta cerrar el agujero. Rematen.

FLEQUILLO

(con ocre)
Inserten la aguja de crochet en la vuelta 3 de la parte superior de la cabeza. Tejan 6 cad, giren y comiencen en el 2.º p cad desde la aguja, 5 p enano [5]. Unan con 1 p enano al punto siguiente de la cabeza.
Inserten la aguja en el siguiente punto y tejan 8 cad. Giren y comiencen en el 2.º p cad desde la aguja, 7 p enano [7]. Unan con 1 p enano al punto siguiente de la cabeza.
Inserten la aguja en el siguiente punto y tejan 10 cad. Giren y comiencen en el 2.º p cad desde la aguja, 9 p enano [9]. Unan con 1 p enano al punto siguiente de la cabeza. Corten la hebra y rematen.

BRAZOS

(hagan 2 con gris grafito)
1v: Tejan un anillo de 7 mp [7].
2v-11v: 1 mp en cada uno de los 7 mp [7].
Corten dejando una hebra larga para coser.
Rellenen muy poquito. Cósanlos entre las vueltas 21 y 22.

PATAS

(hagan 2 con gris grafito)
1v: Tejan un anillo de 7 mp [7].
2v-18v: 1 mp en cada uno de los 7 mp [7].
Corten dejando una hebra larga para coser.
Rellenen muy poquito. Cósanlas entre las vueltas 35 y 36.

ALAS PEQUEÑAS

(hagan 2 con rosa pastel)
1v: Tejan un anillo de 6 mp [6].
2v: 1 aum en cada uno de los 6 mp [12].
3v-8v: 1 mp en cada uno de los 12 mp [12].
Corten dejando una hebra larga para coser.
No las rellenen. Aplánenlas antes de coserlas.
Cósanlas en la espalda, entre las vueltas 20 y 24, a una distancia de 11 puntos entre sí.

ALAS GRANDES

(hagan 2 con rosa pastel)
1v: Tejan un anillo de 6 mp [6].
2v: 1 aum en cada uno de los 6 mp [12].
3v-10v: 1 mp en cada uno de los 12 mp [12].
Corten dejando una hebra larga para coser.
No las rellenen. Aplánenlas antes de coserlas.
Cósanlas entre las alas pequeñas.

AGUIJÓN

(con gris verdoso)
1v: Tejan un anillo de 6 mp [6].
2v: 1 mp en cada uno de los 6 mp [6].
3v: (1 mp, 1 aum) repitan 3 veces [9].
4v-5v: 1 mp en cada uno de los 9 mp [9].
Corten dejando una hebra larga para coser.
Rellenen un poquito. Cósanlo en la espalda, centrado en la vuelta 35.

BOTAS

(hagan 2 con rosa pastel)
Tejan 6 cad. Tejan a ambos lados de la cadena base.
1v: Comiencen en el 2.° p cad desde la aguja, 1 aum, 3 mp, 4 mp en último p cad. Continúen sobre el otro lado de la cadena base, 3 mp, 1 aum [14].
2v: 2 aum, 4 mp, 3 aum, 4 mp, 1 aum [20].
3v: Tejan tomando solo la hebra trasera, 9 mp, 2 dism, 7 mp [18].
4v: 6 mp, 4 dism, 4 mp [14].
5v: 6 mp, 2 dism, 4 mp [12].
6v-7v: 1 mp en cada uno de los 12 mp [12].
8v: 1 p enano en cada uno de los 12 mp [12].
Corten la hebra y rematen. Con color rosa pastel, retomen en el 1.er punto delantero de la vuelta 3 y tejan una vuelta de 20 p enano.
Corten la hebra y rematen.

Newton Lechuza

Newton es cartógrafo y conoció a su mejor amigo, Darwin Tortuga, cuando estaba mapeando un grupo de nuevas islas en el océano Pacífico. Aunque no se ven demasiado, se escriben cartas larguísimas, detallando cada acontecimiento y pequeña cosa que aprendieron mientras no estaban juntos. Darwin Tortuga puede escribir folios y folios sobre la cantidad de puntos que vio en una mariquita, y a Newton puede no interesarle ese tema, pero disfruta tanto de la pasión de su amigo por la naturaleza que nunca se queja, ni siquiera cuando le escribe por enésima vez sobre aquella vez que su tío conoció al mismísimo Charles Darwin.

A veces, estas descripciones superdetalladas le resultan muy útiles porque a Newton le encanta inventar mapas para mundos imaginarios. Lo crean o no, Newton es la mente maestra detrás de los mapas de muchos juegos de mesa, novelas, cuentos y películas que todos conocemos.

NIVEL: ★★

Tamaño: 16 cm (orejas incluidas)

Materiales:
– Hilo de algodón mediano (*worsted*) en:
  · azul petróleo
  · crudo
  · rosa pastel
  · rojo óxido
– Aguja de crochet de 2,75 mm
– Ojos plásticos de seguridad ovalados de 12 mm
– Vellón siliconado

Conocimientos necesarios:
anillo mágico (página 32), cambiar color en el medio de la vuelta (página 35), tejer Jacquard siguiendo un diagrama (página 36), bordar (página 38), unir partes (página 39).

Nota: La cabeza y el cuerpo están tejidos en una sola pieza.

Nota: El Jacquard de Newton Lechuza lo realicé tejiendo por debajo de ambas hebras (both loops). Pueden ver cómo los cuadrados tienden a girar hacia a un lado. Para evitar que esto pase, les recomiendo tejer tomando solo la hebra delantera.

PICO

(con rojo óxido)
1v: Tejan un anillo de 5 mp [5].
2v: 1 mp en cada uno de los 5 mp [5].
3v: 1 aum en cada uno de los 5 mp [10].
Corten dejando una hebra larga para coser. No lo rellenen. Aplánenlo antes de coser.

CABEZA Y CUERPO

(comiencen con azul petróleo)
1v: Tejan un anillo de 6 mp [6].
2v: 1 aum en cada uno de los 6 mp [12].
3v: (1 mp, 1 aum) repitan 6 veces [18].
4v: (2 mp, 1 aum) repitan 6 veces [24].
5v: (3 mp, 1 aum) repitan 6 veces [30].
6v: (4 mp, 1 aum) repitan 6 veces [36].
7v: (5 mp, 1 aum) repitan 6 veces [42].
8v: (6 mp, 1 aum) repitan 6 veces [48].
9v: (7 mp, 1 aum) repitan 6 veces [54].
10v: (8 mp, 1 aum) repitan 6 veces [60].
A partir de la siguiente vuelta, tejan alternando colores (azul petróleo y crudo). El color con el que se trabaja se indica antes entre paréntesis.
11v: (*azul petróleo*) 21 mp, (*crudo*) 6 mp, *azul petróleo*) 6 mp, (*crudo*) 6 mp, (*azul petróleo*) 21 mp [60].
12v: (*azul petróleo*) 20 mp, (*crudo*) 8 mp, (*azul petróleo*) 4 mp, (*crudo*) 8 mp, (*azul petróleo*) 20 mp [60].
13v: (*azul petróleo*) 19 mp, (*crudo*) 10 mp, (*azul petróleo*) 2 mp, (*crudo*) 10 mp, (*azul petróleo*) 19 mp [60].
14v-21v: (*azul petróleo*) 18 mp, (*crudo*) 24 mp, (*azul petróleo*) 18 mp [60].
Cosan el pico entre las vueltas 15 y 19,

en el medio del parche color crudo. Coloquen los ojos de seguridad entre las vueltas 16 y 17, a 5 mp del pico. Con rosa pastel, borden los cachetes bajo los ojos.

22v: (*azul petróleo*) (1 mp, 1 dism) repitan 6 veces, (*crudo*) (1 mp, 1 dism) repitan 8 veces, (*azul petróleo*) (1 mp, 1 dism) repitan 6 veces [40].

23v: (*azul petróleo*) (2 mp, 1 dism) repitan 3 veces, (*crudo*) (2 mp, 1 dism) repitan 4 veces, (*azul petróleo*) (2 mp, 1 dism) repitan 3 veces [30].

Rellenen la cabeza firmemente. Continúen en patrón Jacquard alternando crudo, rosa pastel y rojo óxido (vean el diagrama).

24v: ((*crudo*) 3 mp, (*rosa pastel*) (1 mp, 1 aum)) repitan 6 veces [36].

25v-35v: 1 mp en cada uno de los 36 mp [36]. Cambien a azul petróleo.

36v: 1 mp en cada uno de los 36 mp [36].
37v: (4 mp, 1 dism) repitan 6 veces [30].
38v: (3 mp, 1 dism) repitan 6 veces [24].
39v: (2 mp, 1 dism) repitan 6 veces [18].
Rellenen el cuerpo.
40v: (1 mp, 1 dism) repitan 6 veces [12].
41v: 6 dism [6].

Corten dejando una hebra larga para cerrar los últimos 6 puntos. Con la aguja de tapicería, pasen por el medio de cada punto y ajusten hasta cerrar el agujero. Rematen.

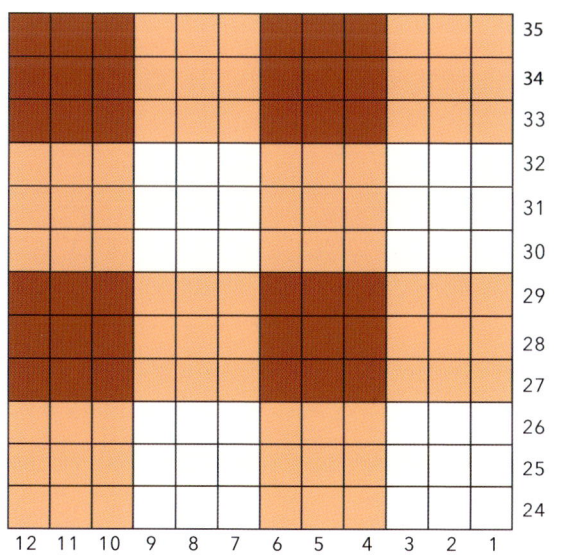

ALAS

(hagan 2 con azul petróleo)
1v: Tejan un anillo de 6 mp [6].
2v: 1 aum en cada uno de los 6 mp [12].
3v: (1 mp, 1 aum) repitan 6 veces [18].
4v: (2 mp, 1 aum) repitan 6 veces [24].
5v-10v: 1 mp en cada uno de los 24 mp [24].
11v: (1 mp, 1 aum) repitan 12 veces [36].
A continuación, dividan el tejido para hacer las 3 plumas, usando 12 puntos para cada una (vean imágenes de referencia en la página 96).

Primera pluma
1v: Tejan 6 mp y unan el último punto al punto 31 de la vuelta anterior haciendo 1 mp. Este mp será el 1.er punto de la siguiente vuelta.
2v: 1 mp en cada uno de los 12 mp [12].
3v: 6 dism [6].
Corten dejando una hebra larga para cerrar los últimos 6 puntos. Con la aguja de tapicería, pasen por el medio de cada punto y ajusten hasta cerrar el agujero. Rematen.

Segunda pluma
Con azul petróleo, retomen en el punto a la izquierda de la primera pluma.
1v: Tejan 6 mp y unan el último punto al 6.º punto a la derecha de la primera pluma haciendo 1 mp. Este mp será el 1.er punto de la siguiente vuelta.
2v-3v: Repitan las vueltas 2 y 3 de la primera pluma.
Corten dejando una hebra larga para cerrar los últimos 6 puntos. Con la aguja de tapicería, pasen por el medio de cada punto y ajusten hasta cerrar el agujero. Rematen.

Tercera pluma
Con azul petróleo, retomen en el punto a la izquierda de la segunda pluma.
1v-2v: 1 mp en cada uno de los 12 mp [12].
3v: 6 dism [6].
Corten dejando una hebra larga para cerrar los últimos 6 puntos. Con la aguja de tapicería, pasen por el medio de cada punto y ajusten hasta cerrar el agujero. Rematen.
Cosan las alas al cuerpo de la lechuza.

MECHONES DE PLUMAS (OREJAS)

(hagan 4 con azul petróleo)
1v: Tejan un anillo de 8 mp [8].
2v-5v: 1 mp en cada uno de los 8 mp [8].
Corten dejando una hebra larga para coser. No las rellenen. Cosan las plumas, 2 en cada lado de la cabeza.

PATITAS

(hagan 2 con azul petróleo)
1v: Tejan un anillo de 8 mp [8].
2v-3v: 1 mp en cada uno de los 8 mp [8].
Corten dejando una hebra larga para coser. Rellenen un poquito. Cosan las patas al frente, entre las vueltas 34 y 36.

COLA

(con azul petróleo)
1v: Tejan un anillo de 6 mp [6].
2v: 1 aum en cada uno de los 6 mp [12].
3v: (1 mp, 1 aum) repitan 6 veces [18].
4v-9v: 1 mp en cada uno de los 18 mp [18].
Corten dejando una hebra larga para coser. No la rellenen. Con rosa pastel, borden los detalles de la cola.

Otis Perezoso

Otis tuvo bastantes dificultades para saber qué quería hacer con su vida. Es un tipo paciente, que se toma su tiempo para decidir (sí, los estereotipos a veces son ciertos), pero tan lento que se aburría de no hacer casi nada. Primero, intentó ser DJ, pero a Otis no le gusta la música moderna o muy alta. Después probó trabajar en un restaurante pero, lamentablemente, sus clientes tenían la curiosa manía de querer que su comida estuviera caliente cuando llegara a la mesa. Entonces, Otis decidió esperar hasta que se presentase la siguiente oportunidad (el estrés no es bueno para su cutis) y, ¿adivinen qué? Apareció un nuevo trabajo casi de inmediato. Su amiga Lupita Mono Araña le contó a Otis que necesitaba a alguien que vigilara el observatorio espacial durante las noches. Y así de sencillo y sin apuro, Otis consiguió el trabajo de sus sueños: mirar los cielos nocturnos mientras descansa cómodo en sus ramas favoritas.

NIVEL: ∗∗

Tamaño: 30 cm

Materiales:
– Hilo de algodón mediano (*worsted*) en:
  · visón
  · crudo
  · rosa pastel
  · gris cálido oscuro
  · amarillo
  · celeste agua
  · gris verdoso
  · negro
– Hilo de algodón fino (*fingering*) en:
  · crudo
– Aguja de crochet de 2,00 mm
– Aguja de crochet de 2,75 mm
– Aguja de crochet de 3,25 mm
– Ojos plásticos de seguridad de 10 mm
– Vellón siliconado

Conocimientos necesarios:
anillo mágico (página 32), tejer a ambos lados de la cadena base (página 34), cambiar color al inicio de la vuelta (página 35), cambiar color en el medio de la vuelta (página 35), tejer en hileras, bordar (página 38), unir partes (página 39).

Nota: Usen siempre la aguja de 2,75, salvo que se indique lo contrario.

Nota: La cabeza y el cuerpo están tejidos en una sola pieza.

NARIZ

(con gris cálido oscuro)
1v: Tejan un anillo de 6 mp [6].
2v: 1 aum en cada uno de los 6 mp [12].
3v-6v: 1 mp en cada uno de los 12 mp [12].
7v: (3 mp, 1 aum) repitan 3 veces [15].
8v: 1 mp en cada uno de los 15 mp [15]. Corten dejando una hebra larga para coser. Con negro, borden la boca entre las vueltas 4 y 5. No la rellenen. Aplánenla antes de coser.

CACHETES

(hagan 2, con rosa pastel)
1v: Tejan un anillo de 8 mp [8]. Corten dejando una hebra larga para coser.

CABEZA Y CUERPO

(comiencen con visón)
1v: Tejan un anillo de 6 mp [6].
2v: 1 aum en cada uno de los 6 mp [12].
3v: (1 mp, 1 aum) repitan 6 veces [18].
4v: (1 mp, 1 aum) repitan 9 veces [27].
5v: (2 mp, 1 aum) repitan 9 veces [36].
6v: (3 mp, 1 aum) repitan 9 veces [45].
7v: (4 mp, 1 aum) repitan 9 veces [54].
8v: (8 mp, 1 aum) repitan 6 veces [60].
9v: 1 mp en cada uno de los 60 mp [60].
A partir de la siguiente vuelta, tejan alternando colores (visón y crudo). El color con el que se trabaja se indica antes entre paréntesis.
10v: (*visón*) 21 mp, (*crudo*) 18 mp, (*visón*) 21 mp [60].
11v: (*visón*) 20 mp, (*crudo*) 20 mp, (*visón*) 20 mp [60].
12v: (*visón*) 18 mp, (*crudo*) 4 mp, (*visón*) 3 mp, (*crudo*) 10 mp, (*visón*) 3 mp, (*crudo*) 4 mp, (*visón*) 18 mp [60].

13v: (visón) 18 mp, (crudo) 2 mp, (visón) 6 mp, (crudo) 8 mp, (visón) 6 mp, (crudo) 2 mp, (visón) 18 mp [60].
14v-16v: (visón) 26 mp, (crudo) 8 mp, (visón) 26 mp [60].
17v: (visón) 20 mp, (crudo) 2 mp, (visón) 4 mp, (crudo) 8 mp, (visón) 4 mp, (crudo) 2 mp, (visón) 20 mp [60].
18v: (visón) 19 mp, (crudo) 3 mp, (visón) 3 mp, (crudo) 10 mp, (visón) 3 mp, (crudo) 3 mp, (visón) 19 mp [60].
19v: (visón) 20 mp, (crudo) 20 mp, (visón) 20 mp [60].
20v: (visón) 22 mp, (crudo) 16 mp, (visón) 22 mp [60].
21v: (visón) 24 mp, (crudo) 12 mp, (visón) 24 mp [60].
Continúen en visón.
22v: 1 mp en cada uno de los 60 mp [60].
23v: (3 mp, 1 dism) repitan 12 veces [48].
24v: (2 mp, 1 dism) repitan 12 veces [36].
Cosan la nariz en el medio del parche de color crudo, entre las vueltas 11 y 20. Coloquen los ojos de seguridad entre las vueltas 16 y 17, a 4 mp de la nariz. Cosan los cachetes.
25v: (4 mp, 1 dism) repitan 6 veces [30].
26v: 1 mp en cada uno de los 30 mp [30].
Rellenen la cabeza. Continúen con un patrón a rayas, alternando una vuelta en crudo con 2 vueltas en gris verdoso.
27v: (4 mp, 1 aum) repitan 6 veces [36].
28v: (5 mp, 1 aum) repitan 6 veces [42].
29v-34v: 1 mp en cada uno de los 42 mp [42].
35v: (6 mp, 1 aum) repitan 6 veces [48].
36v: 1 mp en cada uno de los 48 mp [48].
Cambien a color visón.

37v: Tejan tomando solo la hebra trasera, 1 mp en cada uno de los 48 mp [48].
38v-42v: 1 mp en cada uno de los 48 mp [48].
43v: (6 mp, 1 dism) repitan 6 veces [42].
44v: (5 mp, 1 dism) repitan 6 veces [36].
45v: (4 mp, 1 dism) repitan 6 veces [30].
46v: (3 mp, 1 dism) repitan 6 veces [24].
47v: (2 mp, 1 dism) repitan 6 veces [18].
Rellenen el cuerpo.
48v: (1 mp, 1 dism) repitan 6 veces [12].
49v: 6 dism [6].
Corten dejando una hebra larga para cerrar los últimos 6 puntos. Con la aguja de tapicería, pasen por el medio de cada punto y ajusten hasta cerrar el agujero. Rematen.

PATAS

(hagan 2 con visón)
1v: Tejan un anillo de 6 mp [6].
2v: 1 aum en cada uno de los 6 mp [12].
3v: (1 mp, 1 aum) repitan 6 veces [18].
4v: (2 mp, 1 aum) repitan 6 veces [24].
5v-8v: 1 mp en cada uno de los 24 mp [24].
9v: (6 mp, 1 dism) repitan 3 veces [21].
10v-12v: 1 mp en cada uno de los 21 mp [21].
13v: (5 mp, 1 dism) repitan 3 veces [18].
14v-16v: 1 mp en cada uno de los 18 mp [18].
17v: (4 mp, 1 dism) repitan 3 veces [15].
18v-20v: 1 mp en cada uno de los 15 mp [15].
Rellenen un poco y continúen rellenando a medida que tejan.
21v: (3 mp, 1 dism) repitan 3 veces [12].
22v-27v: 1 mp en cada uno de los 12 mp [12].
Corten dejando una hebra larga para coser.
Si es necesario, agreguen más relleno.
Cósanlas entre las vueltas 41 y 42.

BRAZOS

(hagan 2 con visón)
1v: Tejan un anillo de 6 mp [6].
2v: 1 aum en cada uno de los 6 mp [12].
3v: (1 mp, 1 aum) repitan 6 veces [18].
4v: (5 mp, 1 aum) repitan 3 veces [21].
5v-9v: 1 mp en cada uno de los 21 mp [21].
10v: (5 mp, 1 dism) repitan 3 veces [18].
11v-14v: 1 mp en cada uno de los 18 mp [18].
15v: (4 mp, 1 dism) repitan 3 veces [15].
16v-19v: 1 mp en cada uno de los 15 mp [15].
20v: (3 mp, 1 dism) repitan 3 veces [12].
21v: 1 mp en cada uno de los 12 mp [12].

Cambien a gris a verdoso. Luego continúen con un patrón a rayas, alternando una vuelta en crudo y 2 vueltas en gris verdoso.
22v-24v: 1 mp en cada uno de los 12 mp [12].
25v: (2 mp, 1 dism) repitan 3 veces [9].
Corten dejando una hebra larga para coser.
Rellenen. Cósanlos entre las vueltas 28 y 29.

DEDOS

(con hilo fino, *fingering*, hagan 12 en crudo, con aguja de crochet de 2 mm)
1v: Tejan un anillo de 6 mp [6]
2v-8v: 1 mp en cada uno de los 6 mp [6].
Corten dejando una hebra larga para coser.
No los rellenen. Cosan 3 dedos en cada brazo y 3 dedos en cada pata.

GORRO

(con amarillo, con aguja de crochet de 3,25 mm)

Tejan 32 cad. Tejan en hileras, ida y vuelta.
1h: Comiencen en el 3.ᵉʳ p cad desde la aguja, 30 pmv, 2 cad y giren [30].
2h-27h: Tejan tomando solo la hebra trasera, 1 pmv en cada uno de los 30 pmv, 2 cad y giren [30].
28h: Tejan tomando solo la hebra trasera, 1 pmv en cada uno de los 30 pmv [30].

Corten dejando una hebra larga para coser. Obtendrán así un rectángulo de crochet. Con la aguja de tapicería y sosteniendo la hilera 1 y la 28 juntas, cosan ambos extremos para formar un tubo. No corten la hebra. Con la misma hebra, cosan por el medio de cada final de hilera en la parte superior del tubo. Ajusten y terminen de cerrar el agujero cosiendo de un lado hacia el otro. Den la vuelta al sombrero de adentro hacia fuera.
Con celeste agua, hagan un pompón de 5 cm y cósanlo en la punta del sombrero.

Henriette Cebra

Henriette nació lejos de la ciudad que nunca duerme pero, de todos modos y casi sin buscarlo, se encontró estudiando y trabajando en galerías de arte en la gran Nueva York. Henriette es feliz caminando con sus tacones altos por sus bulliciosas —y algo olorosas— calles, es feliz al observar que personas tan distintas de todo el mundo conviven en una misma ciudad. Sin embargo, también echa de menos su hogar, los sabrosos platos que comía en su casa de la infancia. Hace unos meses llamó a su abuela para pedirle todas sus recetas. Como su abuela juró que nunca pondría un pie en una ciudad tan grande, Henriette se prometió convertirse en la mejor cocinera de jambalaya y gumbo de Nueva York. Quién sabe, quizá termine abriendo un pequeño restaurante donde todas esas personas puedan reunirse y hablar de arte hasta el amanecer.

NIVEL: **

Tamaño: 35 cm (orejas incluidas)

Materiales:
– Hilo de algodón mediano (*worsted*) en:
  · crudo
  · gris grafito
  · gris cálido claro
– Hilo de algodón fino (*fingering*) en:
  · rosa pastel
  · marrón
  · mostaza
– Aguja de crochet de 2,75 mm
– Ojos plásticos de seguridad ovalados de 12 mm
– Vellón siliconado

Conocimientos necesarios:
anillo mágico (página 32), tejer a ambos lados de la cadena base (página 34), cambiar color al inicio de la vuelta (página 35), dividir el cuerpo en dos partes (página 47), tejer en hileras, bordar (página 38), unir partes (página 39).

Nota: Usen siempre la aguja de 2,75, tanto para el hilado mediano como para el fino (top y pantalones).

CABEZA

(comiencen con gris cálido claro)
1v: Tejan un anillo de 6 mp [6].
2v: 1 aum en cada uno de los 6 mp [12].
3v: (1 mp, 1 aum) repitan 6 veces [18].
4v: (2 mp, 1 aum) repitan 6 veces [24].
5v: (3 mp, 1 aum) repitan 6 veces [30].
6v-11v: 1 mp en cada uno de los 30 mp [30].
Cambien a color crudo.
12v: 12 mp, 6 aum, 12 mp [36].
13v: 1 mp en cada uno de los 36 mp [36].
Cambien a color gris grafito.
14v: 13 mp (1 aum, 1 mp) repitan 6 veces, 11 mp [42].
Continúen con un patrón a rayas, alternando 5 vueltas en crudo con una vuelta en gris grafito.
15v: 1 mp en cada uno de los 42 mp [42].
16v: 14 mp, (1 aum, 2 mp) repitan 6 veces, 10 mp [48].
17v: 1 mp en cada uno de los 48 mp [48].
18v: 15 mp, (1 aum, 3 mp) repitan 6 veces, 9 mp [54].
19v-29v: 1 mp en cada uno de los 54 mp [54].
Coloquen los ojos de seguridad entre las vueltas 22 y 23, a una distancia de unos 26 puntos entre sí. Con rosa pastel, borden los cachetes bajo los ojos.
30v: (7 mp, 1 dism) repitan 6 veces [48].
31v: 1 mp en cada uno de los 48 mp [48].
32v: (6 mp, 1 dism) repitan 6 veces [42].
33v: (5 mp, 1 dism) repitan 6 veces [36].
34v: (4 mp, 1 dism) repitan 6 veces [30].
35v: (3 mp, 1 dism) repitan 6 veces [24].
Rellenen.
36v: (2 mp, 1 dism) repitan 6 veces [18].
37v: (1 mp, 1 dism) repitan 6 veces [12].
38v: 6 dism [6].
Corten dejando una hebra larga para cerrar los últimos 6 puntos. Con la aguja de tapicería, pasen por el medio de cada punto y ajusten hasta cerrar el agujero. Rematen.

CRIN

(con gris grafito)
Tejan 23 cad. Tejan a ambos lados de la cadena base.
1v: Comiencen en el 2.º p cad desde la aguja, 1 aum, 20 mp, 4 mp en el último punto. Continúen al otro lado de la cadena base, 20 mp, 1 aum [48].
2v: 2 aum, 20 mp, 4 aum, 20 mp, 2 aum [56].
3v-6v: 1 mp en cada uno de los 56 mp [56].
Corten dejando una hebra larga para coser. Cósanla en la parte de atrás de la cabeza y rellenen a medida que cosan.

CUERPO

(comiencen con crudo)
Al comenzar la cadena, dejen una hebra larga para coser el cuerpo a la cabeza. Tejan 27 cad. Asegúrense de que la cadena no esté torcida y unan ambos extremos con 1 p enano. Continúen trabajando en espiral.
1v-2v: 1 mp en cada uno de los 27 p [27]. Cambien a color gris grafito.
3v: (8 mp, 1 aum) repitan 3 veces [30]. Continúen con un patrón a rayas, alternando 5 vueltas en crudo con una vuelta en gris grafito.
4v-6v: 1 mp en cada uno de los 30 mp [30].
7v: (4 mp, 1 aum) repitan 6 veces [36].
8v-11v: 1 mp en cada uno de los 36 mp [36].
12v: (8 mp, 1 aum) repitan 4 veces [40].
13v-22v: 1 mp en cada uno de los 40 mp [40].

PATAS

Dividan el tejido marcando 4 puntos para el espacio central delantero entre las patas, 4 puntos para el espacio trasero y 16 puntos para cada extremidad (acá es muy útil el marcador de puntos). Unan con 1 mp el último punto para la pata en la parte trasera con el 1.er punto en la parte delantera (este punto contará como el 1.er mp de la 1.ª vuelta). Así, los puntos para la primera pata estarán unidos para seguir tejiendo en vueltas. Continúen tejiendo:
23v-26v: 1 mp en cada uno de los 16 mp [16]. Continúen con un patrón a rayas, alternando una vuelta en gris grafito con 5 vueltas en crudo.
27v-44v: 1 mp en cada uno de los 16 mp [16]. Cambien a gris grafito.
45v-49v: 1 mp en cada uno de los 16 mp [16]. Rellenen firmemente el cuerpo y la primera pata.
50v: (2 mp, 1 dism) repitan 4 veces [12].
51v: 6 dism [6].
Corten dejando una hebra larga para cerrar los últimos 6 puntos. Con la aguja de tapicería, pasen por el medio de cada punto y ajusten hasta cerrar el agujero. Rematen.

Segunda pata
Con crudo, retomen en el 5.º punto sin tejer de la espalda en la vuelta 22, dejando una hebra de inicio larga para luego cerrar la entrepierna. Desde este punto, comiencen a tejer la segunda pata.
23v: 1 mp en cada uno de los 16 mp. Al llegar al punto 16, unan con 1 mp al 1.er punto de la vuelta (el que se hizo al retomar el tejido) [16].
24v-51v: Repitan el patrón de la primera pata. Terminen de rellenar el cuerpo y la segunda pata. Con una aguja de tapicería, cierren la separación entre las patas cosiendo los 4 puntos centrales con la hebra larga que dejaron al retomar el tejido. Cosan la cabeza al cuerpo.

BRAZOS

(hagan 2, comiencen con gris cálido claro)
1v: Tejan un anillo de 6 mp [6].
2v: 1 aum en cada uno de los 6 mp [12].
3v-7v: 1 mp en cada uno de los 12 mp [12].
Cambien a color crudo.
8v: 1 mp en cada uno de los 12 mp [12].
Cambien a color gris grafito.
9v: 1 mp en cada uno de los 12 mp [12].
Continúen con un patrón a rayas, alternando 5 vueltas en crudo con una vuelta en gris grafito.
10v-26v: 1 mp en cada uno de los 12 mp [12].
27v: (1 mp, 1 dism) repitan 4 veces [8].
Corten dejando una hebra larga para coser. Rellenen y cósanlos entre las vueltas 3 y 4 del cuerpo.

OREJAS

(hagan 2, comiencen con gris grafito)
1v: Tejan un anillo de 6 mp [6].
2v: 1 mp en cada uno de los 6 mp [6].
3v: 1 aum en cada uno de los 6 mp [6].
4v: 1 mp en cada uno de los 12 mp [12].
5v: (1 mp, 1 aum) repitan 6 veces [18].
Cambien a color crudo.
6v-13v: 1 mp en cada uno de los 18 mp [18].
Corten dejando una hebra larga para coser.
No las rellenen. Aplanen y doblen las orejas antes de coserlas entre las vueltas 27 y 30 de la cabeza, justo al lado de la orin.

TOP

(con hilo fino, *fingering*, y con aguja de crochet de 2,75 mm, comiencen con marrón)
Tejan 37 cad. Tejan en hileras, ida y vuelta.
1h: Comiencen en el 2.º p cad desde la aguja, 36 mp, 2 cad y giren [36].
2h: (5 pmv, 1 aum) repitan 6 veces, 2 cad y giren [42].
3h: 7 pmv, 6 cad, salten 6 p, 16 pmv, 6 cad, salten 6 p, 7 pmv, 2 cad y giren [42].
4h-6h: 42 pmv, 2 cad y giren [42].
7h: (6 pmv, 1 aum) repitan 6 veces [48].
Unan con 1 pmv el último punto de la última hilera con el 1.er punto de la siguiente (este punto contará como el 1.er pmv de la siguiente hilera). Así, los puntos del top estarán unidos para seguir tejiendo en vueltas. Continúen tejiendo:
8v-10v: 1 pmv en cada una de las 48 pmv [48].
Cambien a rosa pastel.
11v: 1 mp en cada una de las 48 pmv [48].
Corten y rematen. Con marrón, retomen insertando la aguja de afuera hacia adentro, del lado izquierdo del cuello. Tejan una vuelta de mp alrededor del cuello y la abertura del top en la espalda. Corten y rematen.

PANTALÓN

(con hilo fino, *fingering*, y con aguja de crochet de 2,75 mm, comiencen con rosa pastel)
Tejan 46 cad. Asegúrense de que la cadena no esté torcida y unan ambos extremos con 1 p enano. Continúen trabajando en espiral.
1v-2v: 1 mp en cada uno de los 46 p [46].
3v: (22 pmv, 1 aum) repitan 2 veces [48].

4v-5v: 1 pmv en cada una de las 48 pmv [48].
6v: (3 pmv, 1 aum) repitan 12 veces [60].
7v-9v: 1 pmv en cada una de las 60 pmv [60].

Patas del pantalón
Dividan el tejido marcando 5 puntos para el espacio central delantero entre las patas, 5 puntos para el espacio trasero y 25 puntos para cada extremidad (acá es muy útil el marcador de puntos). Unan con 1 pmv el último punto para la pata del pantalón en la parte trasera con el 1.er punto en la parte delantera (este punto contará como el 1.er pmv de la 1.ª vuelta). Así, los puntos para la primera pata del pantalón estarán unidos para seguir tejiendo en vueltas. Continúen tejiendo:
10v: 1 pmv en cada uno de los 25 pmv [25].
11v: (4 pmv, 1 aum) repitan 5 veces [30].
12v-13v: 1 pmv en cada uno de los 30 pmv [30].
14v: (5 pmv, 1 aum) repitan 5 veces [35].
15v-16v: 1 pmv en cada uno de los 35 pmv [35].
17v: (6 pmv, 1 aum) repitan 5 veces [40].
18v-19v: 1 pmv en cada uno de los 40 pmv [40].
Si el tejido se gira mucho hacia un lado, tejan algunos pmv extra antes de comenzar con la última vuelta de p enano. De esta manera, se asegurarán de que la pata del pantalón quede pareja.
20v: 1 p enano en cada uno de los 40 pmv [40].
Corten y rematen.

Segunda pata del pantalón
Con rosa pastel, retomen en el 6.º punto sin tejer de la espalda en la vuelta 9, dejando una hebra de inicio larga para luego cerrar la entrepierna. Desde este punto, comiencen a tejer la segunda pata del pantalón.
10v-20v: Repitan el patrón de la primera pata del pantalón.
Corten y rematen. Con una aguja de tapicería, cierren la separación entre las patas cosiendo los 5 puntos centrales con la hebra larga que dejaron al retomar el tejido.

Cintura del pantalón
(con mostaza)
Retomen en el 1.er punto de la vuelta 1 del pantalón.
1v-3v: 1 mp en cada uno de los 46 mp [46].
Corten la hebra y rematen.

Luisa Elefanta

Ser un elefante no es fácil: resulta casi imposible entrar en una habitación sin ser visto y hay que ser muy cuidadoso para no tropezarse o pisotear las cosas. Lulú, como la llaman sus seres queridos, aprendió de muy pequeña que solo podía visitar las casas de amigos donde pudiera entrar por la puerta, o comer en los pocos restaurantes y cafeterías que tuviesen suficiente espacio para su hermoso cuerpo... Y ni hablemos del transporte público. Luisa tiene una personalidad fabulosa, brillante y alegre, pero no tener la capacidad de disfrutar tantos lugares y ocasiones la pone muy triste. Por eso, ahora Luisa trabaja como arquitecta de urbanismo y forma parte de un grupo de animales que trabaja duro día a día para cambiar y mejorar la calidad de vida de los grandes animales en las ciudades de todo el mundo.

NIVEL: **

Tamaño: 31 cm

Materiales:
- Hilo de algodón mediano (*worsted*) en:
  · celeste agua
  · crudo
  · rojo brillante
  · rojo
  · azul francés
  · ocre
  · azul marino
  · rosa pastel
- Aguja de crochet de 2,75 mm
- Ojos plásticos de seguridad de 8 mm
- Vellón siliconado

Conocimientos necesarios:
anillo mágico (página 32), tejer a ambos lados de la cadena base (página 34), cambiar color al inicio de la vuelta (página 35), dividir el cuerpo en dos partes (página 47), punto espiga (página 29), unir partes (página 39), hacer un pompón.

Nota: *La cabeza y el cuerpo están tejidos en una sola pieza.*

Nota: *Cuando tejan la trompa, pueden usar el otro extremo del ovillo, así no tendrán que cortar la hebra o utilizar un ovillo extra.*

CABEZA Y CUERPO

(con celeste agua)
Tejan 9 cad. Tejan a ambos lados de la cadena base.
1v: Comiencen en el 2.º p cad desde la aguja, 1 aum, 6 mp, 4 mp en el último punto. Continúen al otro lado de la cadena base, 6 mp, 1 aum [20].
2v: 1 aum, 8 mp, 2 aum, 8 mp, 1 aum [24].
3v: 1 mp, 1 aum, 9 mp, 1 aum, 1 mp, 1 aum, 9 mp, 1 aum [28].
4v: 2 mp, 1 aum, 10 mp, 1 aum, 2 mp, 1 aum, 10 mp, 1 aum [32].
5v: 3 mp, 1 aum, 11 mp, 1 aum, 3 mp, 1 aum, 11 mp, 1 aum [36].
6v: (5 mp, 1 aum) repitan 6 veces [42].
7v: (6 mp, 1 aum) repitan 6 veces [48].
8v: (7 mp, 1 aum) repitan 6 veces [54].
9v: (8 mp, 1 aum) repitan 6 veces [60].
Nota: *El tejido tenderá a torcerse mucho. No se preocupen, se emparejará en las próximas vueltas.*
10v-14v: 1 mp en cada uno de los 60 mp [60].
15v: 8 mp, 12 cad, saltar 12 p, 40 mp [60].
16v-21v: 1 mp en cada uno de los 60 mp [60].
22v: (3 mp, 1 dism) repitan 12 veces [48].
23v: (2 mp, 1 dism) repitan 12 veces [36].
24v: (4 mp, 1 dism) repitan 6 veces [30].
25v: 1 mp en cada uno de los 30 mp [30].
Coloquen los ojos de seguridad entre las vueltas 15 y 16, a 3 puntos de la abertura donde tejerán la trompa.
Con rosa pastel, borden las mejillas.
Continúen tejiendo la trompa. Tejan en espiral a ambos lados de la abertura para la trompa, formada por 24 puntos, entre las vueltas 15 y 16.

TROMPA

Con celeste agua, retomen en el 1.er punto sin tejer de la vuelta 16. Desde este punto, comiencen a tejer la trompa.
1v-3v: 1 mp en cada uno de los 24 p [24].
4v: 11 mp, 1 dism, 9 mp, 1 dism [22].
5v-7v: 1 mp en cada uno de los 22 mp [22].
8v: 10 mp, 1 dism, 8 mp, 1 dism [20].
9v-11v: 1 mp en cada uno de los 20 mp [20].
12v: 11 mp, 1 dism, 5 mp, 1 dism [18].
13v-15v: 1 mp en cada uno de los 18 mp [18].
16v: 1 dism, 9 mp, 1 dism, 5 mp [16].
17v-19v: 1 mp en cada uno de los 16 mp [16].
20v: 1 dism, 8 mp, 1 dism, 4 mp [14].
21v-23v: 1 mp en cada uno de los 14 mp [14].
24v: 1 dism, 7 mp, 1 dism, 3 mp [12].
25v-26v: 1 mp en cada uno de los 12 mp [12].
27v: (1 mp, 1 dism) repitan 4 veces [8].
Corten dejando una hebra larga para coser. Rellenen la cabeza. Rellenen un poquito la trompa. Cosan la abertura de la trompa. Continúen tejiendo el cuerpo.

CUERPO

Retomen la vuelta 25 de la cabeza/cuerpo.
26v: (4 mp, 1 aum) repitan 4 veces, 3 mp. Cambien a color crudo, 1 mp, 1 aum, 4 mp, 1 aum [36].
Continúen con un patrón a rayas. Tejan 2 vueltas en color crudo, una en rojo brillante, 2 en color crudo y una en azul francés y repitan. Terminen con una vuelta en color crudo.
27v: (5 mp, 1 aum) repitan 6 veces [42].
28v-32v: 1 mp en cada uno de los 42 mp [42].
33v: (6 mp, 1 aum) repitan 6 veces [48].
34v-39v: 1 mp en cada uno de los 48 mp [48].
40v: (7 mp, 1 aum) repitan 6 veces [54].
41v: 1 mp en cada uno de los 54 mp [54]. Cambien a celeste agua.
42v: Tejan tomando solo la hebra trasera, 1 mp en cada uno de los 54 mp [54].
43v-45v: 1 mp en cada uno de los 54 mp [54].
46v: (8 mp, 1 aum) repitan 6 veces [60].
47v-51v: 1 mp en cada uno de los 60 mp [60].
52v: (8 mp, 1 dism) repitan 6 veces [54].
53v-54v: 1 mp en cada uno de los 54 mp [54].
55v: (7 mp, 1 dism) repitan 6 veces [48].
56v: 1 mp en cada uno de los 48 mp [48].

PATAS

Dividan el tejido marcando 4 puntos para el espacio central delantero entre las patas, 4 puntos para el espacio trasero y 20 puntos para cada extremidad (acá es muy útil el marcador de puntos). Si las patas no quedaran bien alineadas con la cabeza, tejan o destejan algunos mp para llegar a la posición deseada. Unan con 1 mp el último punto para la pata en la parte trasera con el 1.er punto en la parte delantera (este punto contará como el 1.er mp de la 1.a vuelta). Así, los puntos para la primera pata estarán unidos para seguir tejiendo en vueltas. Continúen tejiendo:
57v-68v: 1 mp en cada uno de los 20 mp [20].
Rellenen firmemente el torso y la primera pata.
69v: (2 mp, 1 dism) repitan 5 veces [15].
70v: (1 mp, 1 dism) repitan 5 veces [10].
71v: 5 dism [5].
Corten dejando una hebra larga para cerrar los últimos 5 puntos. Con la aguja de tapicería, pasen por el medio de cada punto y ajusten hasta cerrar el agujero. Rematen.

Segunda pata
Con celeste agua, retomen en el 5.° punto sin tejer de la espalda en la vuelta 56, dejando una hebra de inicio larga para luego cerrar la entrepierna. Desde este punto, comiencen a tejer la segunda pata.
57v: 1 mp en cada uno de los 20 mp. Al llegar al 20.° punto, unan con 1 mp al 1.er punto de la vuelta (el que se hizo al retomar el tejido) [20].
58v-71v: Repitan el patrón de la primera pata. Terminen de rellenar el cuerpo y la segunda pata. Con una aguja de tapicería, cierren la separación entre las patas cosiendo los 4 puntos centrales con la hebra larga que dejaron al retomar el tejido.

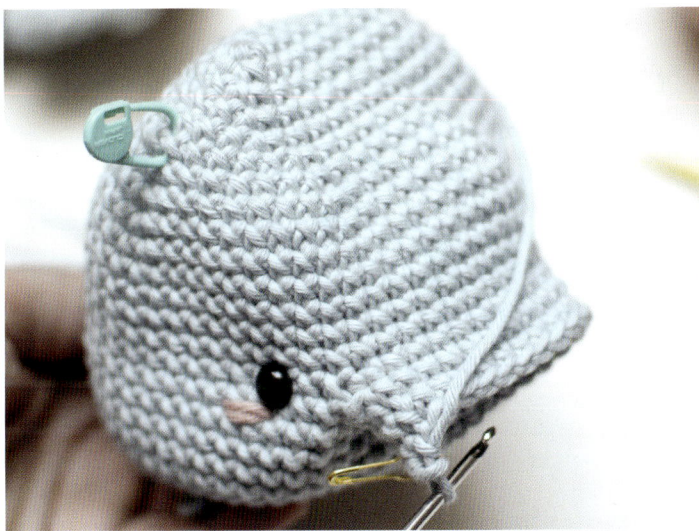

BRAZOS

(hagan 2, comiencen con celeste agua)
1v: Tejan un anillo de 5 mp [5].
2v: 1 aum en cada uno de los 5 mp [10].
3v: (1 mp, 1 aum) repitan 5 veces [15].
4v-5v: 1 mp en cada uno de los 15 mp [15].
6v: 1 mp, 1 p mota, 13 mp [15].
7v-18v: 1 mp en cada uno de los 15 mp [15].
Cambien a azul francés y continúen con el mismo patrón a rayas utilizado en el cuerpo.
19v-22v: 1 mp en cada uno de los 15 mp [15].
23v: (1 mp, 1 dism) repitan 5 veces [10].
Corten dejando una hebra larga para coser. Rellenen.
Cósanlos entre las vueltas 26 y 27.

OREJAS

(hagan 2 con celeste agua)
1v: Tejan un anillo de 6 mp [6].
2v: 1 aum en cada uno de los 6 mp [12].
3v: 1 mp en cada uno de los 12 mp [12].
4v: (1 mp, 1 aum) repitan 6 veces [18].
5v-6v: 1 mp en cada uno de los 18 mp [18].
7v: (2 mp, 1 aum) repitan 6 veces [24].
8v-9v: 1 mp en cada uno de los 24 mp [24].
10v: (3 mp, 1 aum) repitan 6 veces [30].
11v-12v: 1 mp en cada uno de los 30 mp [30].
13v: (4 mp, 1 aum) repitan 6 veces [36].
14v-15v: 1 mp en cada uno de los 36 mp [36].
16v: (5 mp, 1 aum) repitan 6 veces [42].
17v: 1 mp en cada uno de los 42 mp [42].
No las rellenen. A continuación, dividan el tejido para hacer las 3 aletas de la oreja, usando 14 puntos para cada una.

Primera aleta de la oreja
Tejan 7 mp, salten 28 puntos y unan el último punto al punto 36 de la vuelta anterior haciendo 1 mp.
1v-2v: 1 mp en cada uno de los 14 mp [14].
3v: (5 mp, 1 dism) repitan 2 veces [12].
4v: 6 dism [6].

Corten dejando una hebra larga para cerrar los últimos 6 puntos. Con la aguja de tapicería, pasen por el medio de cada punto y ajusten hasta cerrar el agujero. Rematen.

Segunda aleta de la oreja
Con celeste agua, retomen en el punto a la izquierda de la primera aleta de la oreja, tejan 7 mp y unan el último punto al 7.° punto a la derecha de la primera aleta de la oreja haciendo 1 mp.
1v-4v: Repitan el patrón de la primera aleta de la oreja.
Corten dejando una hebra larga para cerrar los últimos 6 puntos. Con la aguja de tapicería, pasen por el medio de cada punto y ajusten hasta cerrar el agujero. Rematen.

Tercera aleta de la oreja
Con celeste agua, retomen en el punto a la izquierda de la segunda aleta de la oreja.
1v-4v: Repitan el patrón de la primera aleta de la oreja.
Corten dejando una hebra larga para cerrar los últimos 6 puntos. Con la aguja de tapicería, pasen por el medio de cada punto y ajusten hasta cerrar el agujero. Rematen.
Cósanlas entre las vueltas 5 y 20 de la cabeza.

PANTALÓN

(con ocre)

Tejan 56 cad. Asegúrense de que la cadena no esté torcida y unan ambos extremos con 1 p enano. Continúen trabajando en espiral.

1v: 1 mp en cada uno de los 56 p [56].
2v: (1 mp tomando solo la hebra trasera, 1 p espiga en el punto de la vuelta anterior) repitan hasta el final de la vuelta [56].
3v: (1 p espiga en el punto de la vuelta anterior, 1 mp tomando solo la hebra trasera) repitan hasta el final de la vuelta [56].
4v-13v: Repitan las vueltas 2 y 3.

PATAS DEL PANTALÓN

Dividan el tejido marcando 4 puntos para el espacio central delantero entre las patas, 4 puntos para el espacio trasero y 24 puntos para cada extremidad (acá es muy útil el marcador de puntos). Unan con 1 mp el último punto para la pata del pantalón en la parte trasera con el 1.er punto en la parte delantera (este punto contará como el 1.er mp de la 1.ª vuelta). Así, los puntos para la primera pata del pantalón estarán unidos para seguir tejiendo en vueltas. Continúen tejiendo:

14v: (1 p espiga en el punto de la vuelta anterior, 1 mp tomando solo la hebra trasera) repitan hasta el final de la vuelta [24].
15v: (1 mp tomando solo la hebra trasera, 1 p espiga en el punto de la vuelta anterior) repitan hasta el final de la vuelta [24].
16v-19v: repitan las vueltas 14 y 15.
20v: 1 p enano en cada uno de los 24 p [24].
Corten y rematen.

Segunda pata del pantalón

Con ocre, retomen en el 5.º punto sin tejer de la espalda en la vuelta 13, dejando una hebra de inicio larga para luego cerrar la entrepierna. Desde este punto, comiencen a tejer la segunda pata del pantalón.

14v-20v: Repitan el patrón de la primera pata del pantalón.
Corten y rematen. Con una aguja de tapicería, cierren la separación entre las patas cosiendo los 4 puntos centrales con la hebra larga que dejaron al retomar el tejido.

Cintura del pantalón
(con ocre)

Retomen en el 1.er punto de la vuelta 1 del pantalón.
1v-3v: 1 mp en cada uno de los 56 mp [56].
4v: 1 p enano en cada uno de los 56 mp [56].
Corten la hebra y rematen.

SOMBRERO

(con azul marino)
1v: Tejan un anillo de 8 mp [8].
2v: 1 aum en cada uno de los 8 mp [16].
3v: (1 mp, 1 aum) repitan 8 veces [24].
4v: (2 mp, 1 aum) repitan 8 veces [32].
5v: Tejan tomando solo la hebra trasera, 1 mp en cada uno de los 32 mp [32].
6v-8v: 1 mp en cada uno de los 32 mp [32].
Corten y rematen. Con azul marino, retomen en el 1.er punto delantero de la vuelta 5 y tejan una vuelta de 32 p enano. Corten y rematen.
Con rojo, hagan un pompón de 3,5 cm de diámetro y cósanlo en la parte de arriba del sombrero. Cosan el sombrero a la cabeza.

Anderson Foca

Anderson nació cerca de la península de Valdés, en la Patagonia argentina, pero ahora pasa la mayor parte del año en el faro de Les Èclaireurs, cerca de Ushuaia (también en Argentina). A veces sueña con el clima más cálido de sus playas natales, pero no extraña a sus ruidosos parientes cotilleando y preguntando mil cosas al mismo tiempo. No lo malinterpreten, ama a su parlanchina familia, pero prefiere disfrutar de su compañía solo una vez al año. Anderson pasa el tiempo coleccionando películas de 35 mm y haciendo sus mundialmente galardonados quesos. De hecho, se ha convertido en un fabricante de quesos tan famoso que cada vez son más las personas que quieren ir a su casa a conocerlo. Por suerte, trasladar la producción de quesos al continente ha resuelto ese problema. Ahora puede disfrutar tranquilo de su paraíso en el faro del fin del mundo.

NIVEL: **

Tamaño: 24 cm

Materiales:
– Hilo de algodón mediano (*worsted*) en:
  · celeste agua
  · rosa pastel
  · crudo
  · rojo óxido
  · terracota
  · gris verdoso
  · negro
– Aguja de crochet de 2,75 mm
– Ojos plásticos de seguridad de 10 mm
– Vellón siliconado

Conocimientos necesarios:
anillo mágico (página 32), tejer a ambos lados de la cadena base (página 34), tejer Jacquard siguiendo un diagrama (página 36), medio punto elástico (página 30), unir partes (página 39), hacer un pompón.

Nota: *La cabeza y el cuerpo están tejidos en una sola pieza.*

HOCICO

(con celeste agua)
1v: Tejan un anillo de 6 mp [6].
2v: 1 aum en cada uno de los 6 mp [12].
3v: (1 mp, 1 aum) repitan 6 veces [18].
4v-5v: 1 mp en cada uno de los 18 mp [18].
Corten dejando una hebra larga para coser. Con negro, borden la nariz y la boca. Con gris verdoso, borden pequeñas líneas en la parte superior del hocico. Rellenen.

CACHETES

(hagan 2 con rosa pastel)
1v: Tejan un anillo de 8 mp [8].
Corten y dejen una hebra larga para coser.

CABEZA Y CUERPO

(comiencen con celeste agua)
1v: Tejan un anillo de 6 mp [6].
2v: 1 aum en cada uno de los 6 mp [12].
3v: (1 mp, 1 aum) repitan 6 veces [18].
4v: (2 mp, 1 aum) repitan 6 veces [24].
5v: (3 mp, 1 aum) repitan 6 veces [30].
6v: (4 mp, 1 aum) repitan 6 veces [36].
7v: (5 mp, 1 aum) repitan 6 veces [42].
8v: (6 mp, 1 aum) repitan 6 veces [48].
9v: (7 mp, 1 aum) repitan 6 veces [54].
10v-20v: 1 mp en cada uno de los 54 mp [54]. Cosan el hocico entre las vueltas 13 y 19, del lado opuesto al inicio de las vueltas. Coloquen los ojos de seguridad entre las vueltas 15 y 16, a 3 mp del hocico. Cosan los cachetes entre las vueltas 15 y 18.
Continúen en patrón Jacquard, alternando terracota y crudo (vean diagrama).
21v-33v: 1 mp en cada uno de los 54 mp [54]. Cambien a color celeste agua.
34v: Tejan tomando solo la hebra trasera, 1 mp en cada uno de los 54 mp [54].
35v: 1 mp en cada uno de los 54 mp [54].
36v: Ubiquen el punto central en la espalda

del cuerpo de la foca. De no encontrarse en ese lugar, tejan o destejan hasta llegar a ese punto. Luego, tejan 13 cad. Coloquen el marcador de puntos en el 1.er punto a continuación, ya que este será el nuevo inicio de vueltas (esta cadena base es la columna del muñeco, es importante que quede justo a la mitad de la espalda). Tejan sobre la cadena, 12 mp, 1 mp sobre el mp donde se inicia la cad base. Continúen sobre el cuerpo, 54 mp, continúen sobre el otro lado de la cadena, 11 mp, 1 aum [80].

37v: 2 aum, 76 mp, 2 aum [84].
38v: 3 aum, 78 mp, 3 aum [90].
39v-40v: 1 mp en cada uno de los 90 mp [90].
41v: 4 mp, 1 dism, 1 mp, 1 dism, 72 mp, 1 dism, 1 mp, 1 dism, 4 mp [86].
42v: 4 mp, 1 dism, 1 mp, 1 dism, 68 mp, 1 dism, 1 mp, 1 dism, 4 mp [82].
43v: 33 mp, 1 dism, 12 mp, 1 dism, 33 mp [80].
44v: 4 mp, 1 dism, 1 mp, 1 dism, 24 mp, 1 dism, 10 mp, 1 dism, 24 mp, 1 dism, 1 mp, 1 dism, 4 mp [74].
45v: 4 mp, 1 dism, 1 mp, 1 dism, 22 mp, 1 dism, 8 mp, 1 dism, 22 mp, 1 dism, 1 mp, 1 dism, 4 mp [68].
46v: 4 mp, 1 dism, 1 mp, 1 dism, 20 mp, 1 dism, 6 mp, 1 dism, 20 mp, 1 dism, 1 mp, 1 dism, 4 mp [62].
47v: 4 mp, 1 dism, 50 mp, 1 dism, 4 mp [60].
Rellenen la cabeza y la primera parte del cuerpo. Continúen rellenando a medida que tejan.
48v: (8 mp, 1 dism) repitan 6 veces [54].
49v: (7 mp, 1 dism) repitan 6 veces [48].
50v: (6 mp, 1 dism) repitan 6 veces [42].
51v: (5 mp, 1 dism) repitan 6 veces [36].
52v: (4 mp, 1 dism) repitan 6 veces [30].
53v: (3 mp, 1 dism) repitan 6 veces [24].
54v: (2 mp, 1 dism) repitan 6 veces [18].
55v: (1 mp, 1 dism) repitan 6 veces [12].
56v: 6 dism [6].

Corten dejando una hebra larga para cerrar los últimos 6 puntos. Con la aguja de tapicería, pasen por el medio de cada punto y ajusten hasta cerrar el agujero. Rematen.

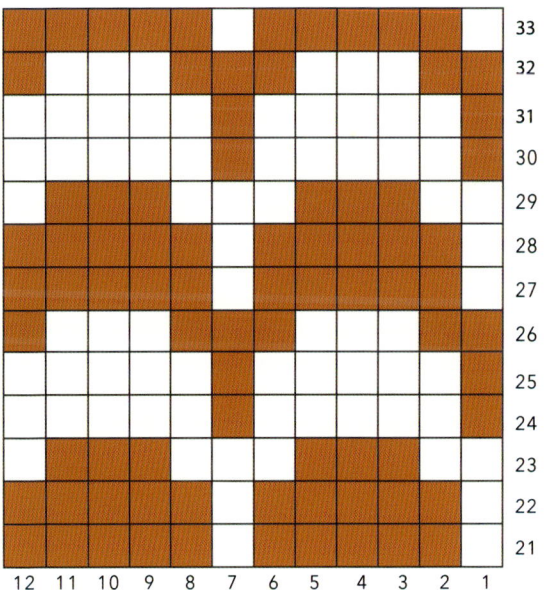

103

ALETAS

(hagan 2 con celeste agua)
1v: Tejan un anillo de 8 mp [8].
2v: 1 aum en cada uno de los 8 mp [16].
3v: (1 mp, 1 aum) repitan 8 veces [24].
4v: (2 mp, 1 aum) repitan 8 veces [32].
5v: (3 mp, 1 aum) repitan 8 veces [40].
6v: (4 mp, 1 aum) repitan 8 veces [48].
7v: (5 mp, 1 aum) repitan 8 veces [56].
8v: (6 mp, 1 aum) repitan 8 veces [64].
9v: (7 mp, 1 aum) repitan 8 veces [72].
10v: 1 mp en cada uno de los 72 mp [72].
Corten dejando una hebra larga para coser. No las rellenen. Dóblenlas, aplánenlas y, usando una aguja de tapicería, cosan el extremo abierto. Cosan las aletas entre las vueltas 34 y 43.

COLA

(hagan 2 partes con celeste agua)
1v: Tejan un anillo de 5 mp [5].
2v: 1 aum en cada uno de los 5 mp [10].
3v: 1 mp en cada uno de los 10 mp [10].
4v: (1 mp, 1 aum) repitan 5 veces [15].
5v-6v: 1 mp en cada uno de los 15 mp [15].
7v: (2 mp, 1 aum) repitan 5 veces [20].
8v-9v: 1 mp en cada uno de los 20 mp [20].
10v: (3 mp, 1 aum) repitan 5 veces [25].
11v-13v: 1 mp en cada uno de los 25 mp [25].
Corten dejando una hebra larga para coser. No las rellenen. Aplánenlas y, usando una aguja de tapicería, cosan el extremo abierto. Cosan ambas partes en el cuerpo de la foca.

GORRO

(con rojo óxido)

1v: Tejan un anillo de 6 mp [6].
2v: 1 aum en cada uno de los 6 mp [12].
3v: (1 mp, 1 aum) repitan 6 veces [18].
4v: (2 mp, 1 aum) repitan 6 veces [24].
5v: (3 mp, 1 aum) repitan 6 veces [30].
6v: (4 mp, 1 aum) repitan 6 veces [36].
7v: (5 mp, 1 aum) repitan 6 veces [42].
8v: (6 mp, 1 aum) repitan 6 veces [48].
9v: (7 mp, 1 aum) repitan 6 veces [54].
10v-13v: 1 mp en cada uno de los 54 mp [54].
14v-16v: 1 mp elástico en cada uno de los 54 p [54].

Corten la hebra y rematen. Con rosa pastel, hagan un pompón de 5 cm de diámetro y cósanlo en la punta del gorro.

James Pato

James tiene una encantadora tienda estilo isabelino de antigüedades en Rye, Sussex. Todos los sábados se levanta temprano, llena su tetera roja favorita (por supuesto, como buen propietario de una tienda de antigüedades, James tiene una gran colección de teteras) y se prepara una buena taza de té mientras decide a qué feria de antigüedades le gustaría ir. Con su termo lleno de su delicioso té y una canasta repleta de sándwiches de pepino y una minuciosamente curada selección de quesos, James es bienvenido y muy querido en todas las ferias que visita. Siempre prepara unos sándwiches especiales de queso comté para su amigo de toda la vida, Sebastian León, para disfrutar mientras van a la "caza de antigüedades" juntos. No lo suele decir en voz alta, pero James adora los sábados.

NIVEL: **

Tamaño: 29 cm

Materiales:
– Hilo de algodón mediano (*worsted*) en:
 · verde azulado
 · rosa pastel
 · crudo
 · azul petróleo
 · amarillo
 · coral
 · marrón
 · celeste agua
– Aguja de crochet de 2,75 mm
– Ojos plásticos de seguridad de 8 mm
– Vellón siliconado

Conocimientos necesarios:
anillo mágico (página 32), tejer a ambos lados de la cadena base (página 34), cambiar color al inicio de vuelta (página 35), tapestry (página 36), dividir el cuerpo en dos partes (página 47), unir partes (página 39), hacer un pompón.

Nota: La cabeza y el cuerpo están tejidos en una sola pieza.

PICO

(con amarillo)
Tejan 6 cad. Tejan a ambos lados de la cadena base.
1v: Comiencen en el 2.º p cad desde la aguja, 1 aum, 3 mp, 3 mp en el último punto. Continúen al otro lado de la cadena base, 4 mp [12].
2v-8v: 1 mp en cada uno de los 12 mp [12]
9v: (2 mp, 1 aum) repitan 4 veces [16].
10v: 1 mp en cada uno de los 16 mp [16].
Corten dejando una hebra larga para coser. Rellenen un poquito.

CABEZA Y CUERPO

(comiencen con verde azulado)
1v: Tejan un anillo de 6 mp [6].
2v: 1 aum en cada uno de los 6 mp [12].
3v: (1 mp, 1 aum) repitan 6 veces [18].
4v: (2 mp, 1 aum) repitan 6 veces [24].
5v: (3 mp, 1 aum) repitan 6 veces [30].
6v: (4 mp, 1 aum) repitan 6 veces [36].
7v: (5 mp, 1 aum) repitan 6 veces [42].
8v-19v: 1 mp en cada uno de los 42 mp [42].
Cambien a color crudo.
20v-21v: 1 mp en cada uno de los 42 mp [42].
Cosan el pico entre las vueltas 14 y 19, del lado opuesto al inicio de vueltas.
Coloquen los ojos de seguridad entre las vueltas 15 y 16, a 3 puntos del pico.
Cambien a rosa pastel.
22v-24v: 1 mp en cada uno de los 42 mp [42].
25v: 11 mp, 1 aum, 19 mp, 1 aum, 10 mp [44].
26v-30v: 1 mp en cada uno de los 44 mp [44].
31v: (10 mp, 1 aum) repitan 4 veces [48].

32v-38v: 1 mp en cada uno de los 48 mp [48]. Cambien a azul petróleo.
39v: Tejan tomando solo la hebra trasera (7 mp, 1 aum) repitan 6 veces [54].
40v-41v: 1 mp en cada uno de los 54 mp [54].
42v: Ubiquen el punto central en la espalda del cuerpo del pato. De no encontrarse en ese lugar, tejan o destejan hasta llegar a ese punto. Luego, tejan 7 cad. Coloquen el marcador de puntos en el 1.er punto a continuación, ya que este será el nuevo inicio de vueltas (esta cadena base es la columna del muñeco, es importante que quede justo a la mitad de la espalda). Tejan sobre la cadena, 1 aum, 5 mp, 1 mp sobre el mp donde inicia la cad base. Continúen sobre el cuerpo, 54 mp, y sigan sobre el otro lado de la cadena, 5 mp, 1 aum [69].
43v: 2 aum, 65 mp, 2 aum [73].
44v: 1 mp en cada uno de los 73 mp [73].
45v: 3 mp, 1 dism, 63 mp, 1 dism, 3 mp [71].
46v: 1 mp en cada uno de los 71 mp [71].
47v: 3 mp, 1 dism, 23 mp, 1 dism, 12 mp, 1 dism, 22 mp, 1 dism, 3 mp [67].
48v: 26 mp, 1 dism, 11 mp, 1 dism, 26 mp [65].
49v: (1 mp, 1 dism) repitan 2 veces, 20 mp, 1 dism, 9 mp, 1 dism, 21 mp, 1 dism, 1 mp, 1 dism [59].
50v: (1 mp, 1 dism) repitan 2 veces, 48 mp, 1 dism, 1 mp, 1 dism [55].
51v: 1 dism, 53 mp [54].
Rellenen la cabeza y el cuerpo. No lo rellenen demasiado, así podrán trabajar las patas con mayor facilidad.
52v: (7 mp, 1 dism) repitan 6 veces [48].
53v: (6 mp, 1 dism) repitan 6 veces [42].
54v: (5 mp, 1 dism) repitan 6 veces [36].

PATAS

Dividan el tejido marcando 18 puntos para cada extremidad. Ubiquen el punto central en la espalda. De no encontrarse en ese lugar, tejan o destejan hasta llegar a ese punto. Luego, tejan 6 cad y unan con 1 mp el último punto al punto 18 de la vuelta anterior (este punto contará como el 1.er mp de la 1.a vuelta de la pata). Así, los puntos para la primera pata estarán unidos para seguir tejiendo en vueltas (18 mp en el cuerpo y 6 cad). Continúen tejiendo:
1v: 18 mp en el cuerpo, 6 mp en la cadena tomando solo la hebra trasera [24].
2v: 1 mp en cada uno de los 24 mp [24].
3v: (1 mp, 1 dism) repitan 8 veces [16]. Cambien a color amarillo.
4v: Tejan tomando solo la hebra trasera (2 mp, 1 dism) repitan 4 veces [12].
5v-11v: 1 mp en cada uno de los 12 mp [12].
Corten dejando una hebra larga para coser. Rellenen firmemente el torso y la primera pata.

Segunda pata
Con azul petróleo, retomen en el 1.er punto sin tejer de la espalda en la vuelta 54. Desde este punto, comiencen a tejer la segunda pata.
1v: 18 mp en el cuerpo, 6 mp en cadena tomando solo la hebra delantera. Al llegar al punto 24, unan con 1 mp al 1.er punto de la vuelta (el que se hizo para retomar el tejido) [24].
2v-11v: Repitan el patrón de la primera pata.
Corten dejando una hebra larga para coser. Terminen de rellenar el cuerpo y la segunda pata.

PATAS PALMEADAS

(hagan 2 con amarillo)
1v: Tejan un anillo de 6 mp [6].
2v: 1 mp en cada uno de los 6 mp [6]
3v: 1 aum en cada uno de los 6 mp [12].
4v: 1 mp en cada uno de los 12 mp [12].
5v: (3 mp, 1 aum) repitan 3 veces [15].
6v: 1 mp en cada uno de los 15 mp [15].
7v: (4 mp, 1 aum) repitan 3 veces [18].
8v: 1 mp en cada uno de los 18 mp [18].
9v: (5 mp, 1 aum) repitan 3 veces [21].
10v: 1 mp en cada uno de los 21 mp [21].
11v: (6 mp, 1 aum) repitan 3 veces [24].
12v-13v: 1 mp en cada uno de los 24 mp [24].
Corten dejando una hebra larga para coser. No la rellenen. Aplánenlas y, usando una aguja de tapicería, cosan el extremo abierto. Cosan las patas palmeadas a las patas.

COLA

(hagan 2 con azul petróleo)
1v: Tejan un anillo de 6 mp [6].
2v: 1 aum en cada uno de los 6 mp [12].
3v-10v: 1 mp en cada uno de los 12 mp [12].
Corten dejando una hebra larga para coser. No las rellenen. Con celeste agua, borden los detalles de la cola. Aplánenlas y cósanlas en la punta de la cola, centradas entre las vueltas 42 y 44.

ALAS

(hagan 2, comiencen con verde azulado)
Primero hagan las 3 plumas.
1v: Tejan un anillo de 5 mp [5].
2v: 1 aum en cada uno de los 5 mp [10].
3v-6v: 1 mp en cada uno de los 10 mp [10].
Corten la hebra de las 2 primeras plumas. Repitan las vueltas 1 a 6 para la tercera pluma, pero no corten la hebra porque se continuará trabajando desde ahí, uniendo las plumas para formar el ala.
7v: Unan la tercera pluma con la segunda y tejan 4 mp en la segunda. Inserten la aguja en la primera pluma y tejan 10 mp. Luego, inserten la aguja en la segunda y tejan en los 6 mp restantes. Por último, inserten la aguja en la tercera pluma y tejan los 10 mp restantes de la tercera pluma [30]. Pueden cerrar los agujeros que quedan entre las alas con la aguja de tapicería.
8v-9v: 1 mp en cada uno de los 30 mp [30].
10v: (4 mp, 1 dism) repitan 5 veces [25].
11v-12v: 1 mp en cada uno de los 25 mp [25]. Cambien a color crudo.
13v: 1 mp en cada uno de los 25 mp [25]. Cambien a rosa pastel.
14v-15v: 1 mp en cada uno de los 25 mp [25].
16v: (3 mp, 1 dism) repitan 5 veces [20].
17v-19v: 1 mp en cada uno de los 20 mp [20].
20v: (3 mp, 1 dism) repitan 4 veces [16].
21v-24v: 1 mp en cada uno de los 16 mp [16].
Corten dejando una hebra larga para coser.
No las rellenen. Aplánenlas y cósanlas entre las vueltas 25 y 26.

SOMBRERO DE GOLF

Nota: Para tejer el sombrero utilizo la técnica tapestry. También se puede tejer a un solo color o en un patrón a rayas horizontales.

(comiencen con crudo)
1v: Tejan un anillo de 8 mp [8].
Continúen trabajando, alternando los colores (crudo y coral). Tejan el 2.º punto de cada aumento en coral, tendrán así 8 líneas en coral.
2v: 1 aum en cada uno de los 8 mp [16].
3v: (1 mp, 1 aum) repitan 8 veces [24].
4v: (2 mp, 1 aum) repitan 8 veces [32].
5v: (3 mp, 1 aum) repitan 8 veces [40].
6v: (4 mp, 1 aum) repitan 8 veces [48].
7v: (5 mp, 1 aum) repitan 8 veces [56].
8v: (6 mp, 1 aum) repitan 8 veces [64].
9v: (7 mp, 1 aum) repitan 8 veces [72].
10v: (8 mp, 1 aum) repitan 8 veces [80].
Continúen tejiendo las líneas en coral en las siguientes vueltas.
11v-12v: ((*crudo*) 9 mp, (*coral*) 1 mp) repitan 8 veces [80].
Continúen tejiendo cada disminución en coral.
13v: (8 mp, 1 dism) repitan 8 veces [72].
14v: (7 mp, 1 dism) repitan 8 veces [64].
15v: (6 mp, 1 dism) repitan 8 veces [56].
16v: (5 mp, 1 dism) repitan 8 veces [48].
Cambien a color coral.
17v-18v: 1 mp en cada uno de los 48 mp [48].
Corten y rematen. Con marrón, hagan un pompón de 3.5 cm de diámetro y cósanlo en la punta del sombrero.

Philip Langosta

Philip nació en la costa de Picardy. Aunque nació sin sus antenas mayores, toda su familia lo ayudó a superar esa pequeña desventaja enseñándole a usar sus pinzas delicadamente. Philip adquirió tal habilidad que todo el pueblo lo llamaba cada vez que necesitaba cortar o arreglar algo con destreza. Así, al poco tiempo se encontró con lo que más le gustaba hacer, cortar telas y patrones para hacer ropa. Un día decidió que ya era hora de compartir su arte con el mundo y, con toda su felicidad a cuestas, se vistió con su creación preferida, su remera a rayas inspirada en la costa que lo vio crecer, y se subió a un tren rumbo a París. Comenzó vendiendo sus prendas a vecinos y conocidos y pronto todos llevaban sus remeras a rayas azules. Y así Philip Langosta se convirtió en el sastre más famoso de todos los tiempos, el inventor de la marinière.

NIVEL: **

Tamaño: 26 cm

Materiales:
– Hilo de algodón mediano (*worsted*) en:
  · coral
  · crudo
  · rosa pastel
  · azul francés
  · negro
– Aguja de crochet de 2,75 mm
– Ojos plásticos de seguridad de 10 mm
– Vellón siliconado

Conocimientos necesarios:
anillo mágico (página 32), tejer a ambos lados de la cadena base (página 34), cambiar color al inicio de vuelta (página 35), dividir el cuerpo en dos partes (página 47), unir partes (página 39).

Nota: *La cabeza y el cuerpo están tejidos en una sola pieza.*

CACHETES

(hagan 2 con rosa pastel)
1v: Tejan un anillo de 8 mp [8].
Corten y dejen una hebra larga para coser.

BLANCO DEL OJO

(hagan 2 con crudo)
1v: Tejan un anillo de 5 mp [5].
2v: 1 aum en cada uno de los 5 mp [10].
Corten y dejen una hebra larga para coser. Reserven.

CABEZA Y CUERPO

(comiencen con coral)
Empiecen con el primer ojo, hagan 2.
1v: Tejan un anillo de 5 mp [5].
2v: 1 aum en cada uno de los 5 mp [10].
3v: (1 mp, 1 aum) repitan 5 veces [15].
4v-5v: 1 mp en cada uno de los 15 mp [15].
Corten la hebra del primer ojo y rematen. Repitan las vueltas 1 a 5 para el 2.° ojo, pero no corten el hilo porque los ojos se unirán en la siguiente vuelta para continuar con la cabeza.
6v: Tejan 1 cad, unan oon 1 mp al último p del primer ojo, 14 mp alrededor del primer ojo, 1 mp sobre el p cad, 15 mp sobre el 2.° ojo, 1 mp sobre la cad [32].
7v: (3 mp, 1 aum) repitan 8 veces [40].
8v: 1 mp en cada uno de los 40 mp [40].

9v: (4 mp, 1 aum) repitan 8 veces [48].
Tomen los blancos de los ojos y coloquen los ojos de plástico en el centro del anillo inicial sin colocar la traba. Ubiquen cada blanco del ojo de manera que el ojo plástico se pueda insertar entre las vueltas 4 y 5 de cada ojo. Coloquen la traba y cosan el blanco del ojo a los ojos de la cabeza.
10v-13v: 1 mp en cada uno de los 48 mp [48].
Con negro, borden la boca entre las vueltas 8 y 9.
Cosan los cachetes entre las vueltas 8 y 11.
Rellenen un poquito los ojos.
14v-20v: 1 mp en cada uno de los 48 mp [48].
Continúen con un patrón a rayas, alternando 2 vueltas en blanco con una vuelta en azul francés.
21v-34v: 1 mp en cada uno de los 48 mp [48].
Cambien a color coral.
35v: Tejan tomando solo la hebra trasera, 36 mp. Ubiquen el punto central del costado del cuerpo. De no encontrarse en ese lugar, tejan o destejan hasta llegar a ese punto. Luego, tejan 13 cad. Coloquen el marcador de puntos en el 1.er punto a continuación, ya que este será el nuevo inicio de vueltas (la cola de la langosta). Tejan sobre la cadena, 1 aum, 11 mp, 1 mp sobre el mp donde inicia la cad base. Continúen sobre el cuerpo, 48 mp (cuando sea necesario, tejan solo tomando la hebra trasera), continúen sobre el otro lado de la cadena, 12 mp [74].
36v: 2 aum, 71 mp, 1 aum [77].
37v: (1 mp, 1 aum) repitan 2 veces, 72 mp, 1 aum [80].
38v-41v: 1 mp en cada uno de los 80 mp [80].
42v: 4 mp, 1 dism, 70 mp, 1 dism, 2 mp [78].
43v: 4 mp, 1 dism, 28 mp, 1 dism, 8 mp, 1 dism, 28 mp, 1 dism, 2 mp [74].
44v: 4 mp, 1 dism, 26 mp, 1 dism, 7 mp, 1 dism, 27 mp, 1 dism, 2 mp [70].
45v: 4 mp, 1 dism, 24 mp, 1 dism, 6 mp, 1 dism, 26 mp, 1 dism, 2 mp [66].
46v: 4 mp, 1 dism, 22 mp, 1 dism, 5 mp, 1 dism, 25 mp, 1 dism, 2 mp [62].
47v: 4 mp, 1 dism, 52 mp, 1 dism, 2 mp [60].
48v: 1 mp en cada uno de los 60 mp [60].

49v: (8 mp, 1 dism) repitan 6 veces [54].
50v: (7 mp, 1 dism) repitan 6 veces [48].
Rellenen la cabeza y el cuerpo firmemente. Continúen rellenando a medida que tejan.
51v: (6 mp, 1 dism) repitan 6 veces [42].
52v: (5 mp, 1 dism) repitan 6 veces [36].
53v: (4 mp, 1 dism) repitan 6 veces [30].
54v: (3 mp, 1 dism) repitan 6 veces [24].
55v: (2 mp, 1 dism) repitan 6 veces [18].
56v: (1 mp, 1 dism) repitan 6 veces [12].
57v: 6 dism [6].
Corten dejando una hebra larga para cerrar los últimos 6 puntos. Con la aguja de tapicería, pasen por el medio de cada punto y ajusten hasta cerrar el agujero. Rematen.

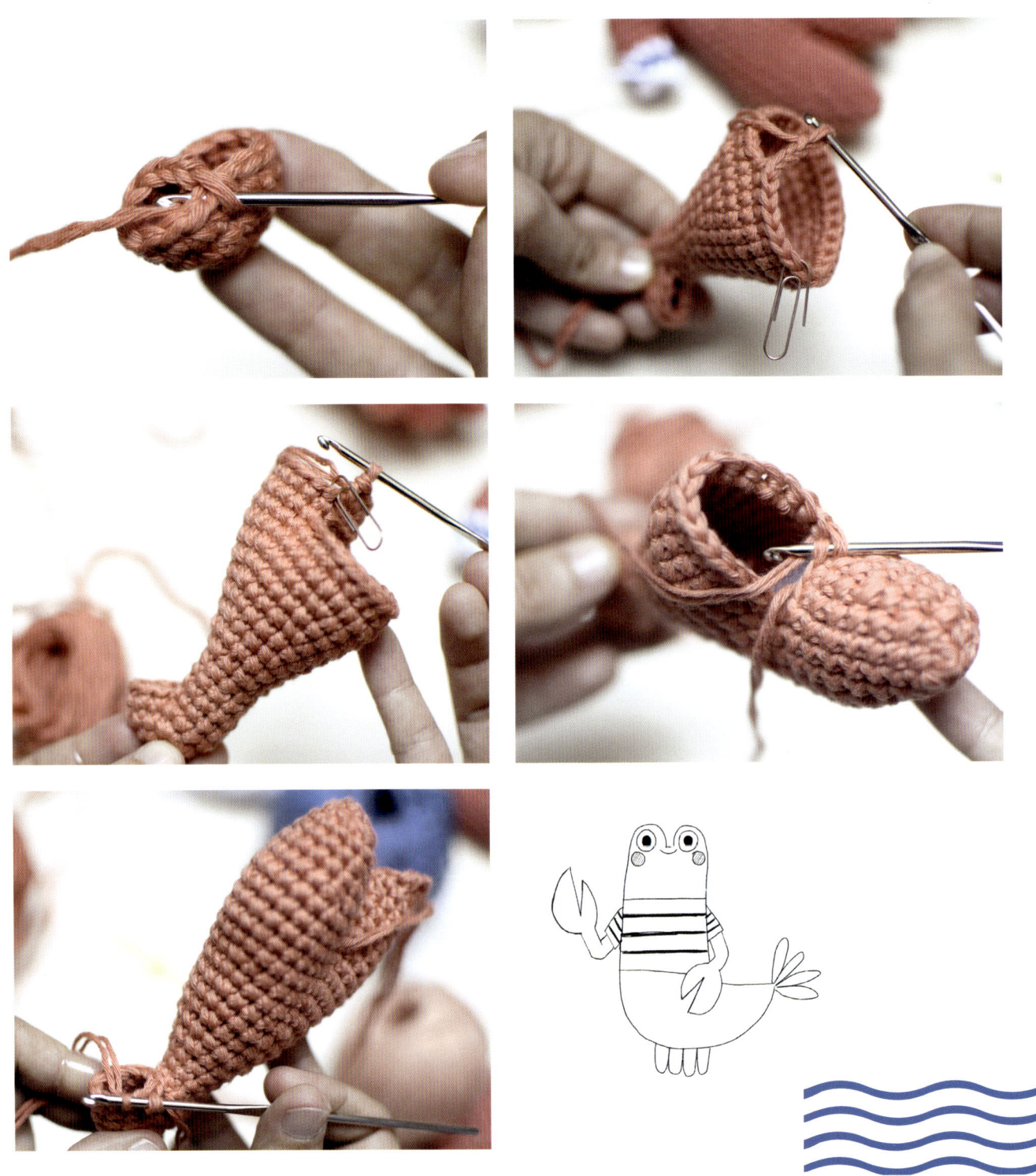

PINZA GRANDE

(comiencen con coral)

Codo
1v: Tejan un anillo de 6 mp [6].
2v: 1 aum en cada uno de los 6 mp [12].
3v: (2 mp, 1 aum) repitan 4 veces [16].
4v: 1 mp en cada uno de los 16 mp [16].
Dividan el codo para hacer las dos partes de la pinza (la parte superior e inferior del brazo), usando 8 puntos para cada parte.

Parte inferior del brazo
Tejan 2 cad. Salten 8 puntos y unan el último p cad al 9.º punto de la vuelta anterior haciendo 1 mp.
Esta parte estará formada por 8 puntos del codo y 2 p cad. Continúen de la siguiente manera:
1v: 1 mp en cada uno de los 10 p (8 mp en el codo y 2 mp en los p cad) [10].
2v-3v: 1 mp en cada uno de los 10 mp [10].
4v: (1 mp, 1 aum) repitan 5 veces [15].
5v: 1 mp en cada uno de los 15 mp [15].
6v: (2 mp, 1 aum) repitan 5 veces [20].
7v: 1 mp en cada uno de los 20 mp [20].
8v: (3 mp, 1 aum) repitan 5 veces [25].
9v: 1 mp en cada uno de los 25 mp [25].
10v: (4 mp, 1 aum) repitan 5 veces [30].
11v-12v: 1 mp en cada uno de los 30 mp [30].

Primera parte de la pinza
Dividan la parte inferior del brazo para hacer las dos partes de la pinza, usando 15 puntos para cada parte.
Tejan 7 mp, 3 cad, salten 15 mp y unan el último p cad al 16.º punto haciendo 1 mp.
Esta parte estará formada por 15 puntos en el brazo y 3 p cad. Continúen de la siguiente manera:
13v: 1 mp en cada uno de los 18 p (15 mp en el brazo y 3 mp tejiendo solo la hebra trasera en los p cad) [18].
14v-15v: 1 mp en cada uno de los 18 mp [18].
16v: (4 mp, 1 dism) repitan 3 veces [15].
17v: 1 mp en cada uno de los 15 mp [15].
18v: (3 mp, 1 dism) repitan 3 veces [12].
19v: 1 mp en cada uno de los 12 mp [12].
20v: 6 dism [6].

Corten dejando una hebra larga para cerrar los últimos 6 puntos. Con la aguja de tapicería, pasen por el medio de cada punto y ajusten hasta cerrar el agujero. Rematen. Rellenen la primera parte de la pinza firmemente.

Segunda parte de la pinza
Con coral, retomen en el punto a la izquierda de la primera parte de la pinza.
13v: 15 mp, 3 cad tomando solo la hebra delantera. Al llegar al punto 18, unan con 1 mp al 1.ᵉʳ punto de la vuelta (el que se hizo al retomar el tejido) [18].
14v-20v: repitan el patrón de la primera parte de la pinza.

Parte superior del brazo
Con color coral, retomen en el punto a la izquierda de la parte inferior del brazo en la vuelta 4 del codo.
1v: 8 mp en el codo, 2 mp en los p cad. Al llegar al punto 10 del brazo, unan con 1 mp al 1.ᵉʳ punto de la vuelta (el que se hizo al retomar el tejido) [10].
2v-3v: 1 mp en cada uno de los 10 mp [10].
Continúen con un patrón a rayas, alternando una vuelta en blanco con una vuelta en azul francés.
4v-6v: 1 mp en cada uno de los 10 mp [10].
Corten dejando una hebra larga para coser.
Rellenen el brazo.

PINZA PEQUEÑA

(comiencen con coral)

Codo
Repitan las vueltas 1 a 4 de la pinza grande.

Parte inferior del brazo
Tejan 2 cad. Salten 8 puntos y unan el último p cad al 9.º punto de la vuelta anterior haciendo 1 mp.
Esta parte estará formada por 8 puntos del codo y 2 p cad. Continúen de la siguiente manera:
1v: 1 mp en cada uno de los 10 p (8 mp en el codo y 2 mp en los p cad) [10].
2v-3v: 1 mp en cada uno de los 10 mp [10].
4v: (4 mp, 1 aum) repitan 2 veces [12].
5v: (2 mp, 1 aum) repitan 4 veces [16].
6v: 1 mp en cada uno de los 16 mp [16]

7v: (3 mp, 1 aum) repitan 4 veces [20].
8v: 1 mp en cada uno de los 20 mp [20].
9v: (4 mp, 1 aum) repitan 4 veces [24].
10v-11v: 1 mp en cada uno de los 24 mp [24].

Primera parte de la pinza

Dividan la parte inferior del brazo para hacer las dos partes de la pinza, usando 12 puntos para cada parte. Tejan 6 mp, 3 cad, salten 12 mp y unan el último p cad al 13.º punto haciendo 1 mp. Esta parte estará formada por 12 puntos en el brazo y 3 p cad. Continúen de la siguiente manera:
12v: 1 mp en cada uno de los 15 p (12 mp en el brazo y 3 mp tejiendo solo la hebra trasera en los p cad) [15].
13v-14v: 1 mp en cada uno de los 15 mp [15].
15v: (3 mp, 1 dism) repitan 3 veces [12].
16v-17v: 1 mp en cada uno de los 12 mp [12].
18v: 6 dism [6].
Corten dejando una hebra larga para cerrar los últimos 6 puntos. Con la aguja de tapicería, pasen por el medio de cada punto y ajusten hasta cerrar el agujero. Rematen. Rellenen la primera parte de la pinza firmemente.

Segunda parte de la pinza

Con coral, retomen en el punto a la izquierda de la primera parte de la pinza.
12v: 12 mp, 3 cad tomando solo la hebra delantera. Al llegar al punto 15, unan con 1 mp al 1.er punto de la vuelta (el que se hizo al retomar el tejido) [15].
13v-18v: repitan el patrón de la primera parte de la pinza.

Parte superior del brazo

Repitan las vueltas 1 a 6 de la pinza grande. Cosan los brazos entre las vueltas 23 y 24.

PARTES DE LA COLA

(hagan 4 con coral)
1v: Tejan un anillo de 5 mp [5].
2v: 1 aum en cada uno de los 5 mp [10].
3v-8v: 1 mp en cada uno de los 10 mp [10].
Corten dejando una hebra larga para coser. No las rellenen. Aplánenlas y cósanlas en la punta de la cola, entre las vueltas 35 y 40.

PATAS

(hagan 6 con coral)
1v: Tejan un anillo de 8 mp [8].
2v-6v: 1 mp en cada uno de los 8 mp [8].
Corten dejando una hebra larga para coser. Rellenen. Cosan las seis patas debajo del cuerpo de la langosta, entre las vueltas 51 y 55.

Lupita Mona Araña

Desde la primera vez que escuchó "Space Oddity", Lupita supo que iba a dedicar toda su vida a dos cosas: ir al espacio y viajar donde nadie había ido jamás... Y aprender a bailar con sus patines. Lupita sabe que sus sueños no son fáciles de alcanzar, por eso se pasa casi todo su tiempo estudiando. Y, cuando ya no puede leer ni una palabra ni resolver una fórmula más, se calza sus patines, pone a reproducir su lista de canciones con toda la discografía de David Bowie y sale a practicar. Estudiar para viajar al espacio es todo un desafío, pero bailar con sus patines mientras viste un mameluco de lentejuelas sin avergonzarse es una de las cosas más difíciles que a cualquiera se le pueda ocurrir.

NIVEL: ***

Tamaño: 34 cm

Materiales:
– Hilo de algodón mediano (*worsted*) en:
  · ocre
  · crudo
  · rosa pastel
  · negro
– Hilo de algodón fino (*fingering*) en:
  · verde azulado
  · celeste agua
  · rosa pastel
– Aguja de crochet de 2,75 mm
– Ojos plásticos de seguridad ovalados de 12 mm
– Vellón siliconado

Conocimientos necesarios:
anillo mágico (página 32), tejer a ambos lados de la cadena base (página 34), cambiar color al inicio de la vuelta (página 35), cambiar color a mitad de vuelta (página 35), tejer en hileras, bordar (página 38), unir partes (página 39).

Nota: *La cabeza y el cuerpo están tejidos en una sola pieza.*

Nota: *Usen siempre la aguja de 2,75, tanto para el hilado mediano como para el fino (mameluco).*

HOCICO

(con crudo)
Tejan 8 cad. Tejan a ambos lados de la cadena base.
1v: Comiencen en el 2.º p cad desde la aguja, 6 mp, 3 mp en el último punto. Continúen al otro lado de la cadena base, 5 mp, 1 aum [16].
2v: 1 aum, 5 mp, 3 aum, 5 mp, 2 aum [22].
3v-5v: 1 mp en cada uno de los 22 mp [22].
Corten dejando una hebra larga para coser. Con negro, borden la nariz y la boca. Rellenen un poquito.

CACHETES

(hagan 2 con rosa pastel)
1v: Tejan un anillo de 6 mp [6].
2v: 1 aum en cada uno de los 6 mp [12].
Corten dejando una hebra larga para coser.

CABEZA Y CUERPO

(comiencen con ocre)
1v: Tejan un anillo de 6 mp [6].
2v: 1 mp en cada uno de los 6 mp [6].
3v: (1 mp, 1 aum) repitan 3 veces [9].
4v: (2 mp, 1 aum) repitan 3 veces [12].
5v: (1 mp, 1 aum) repitan 6 veces [18].
6v: (2 mp, 1 aum) repitan 6 veces [24].
7v: (3 mp, 1 aum) repitan 6 veces [30].
8v: (4 mp, 1 aum) repitan 6 veces [36].
9v: (5 mp, 1 aum) repitan 6 veces [42].
10v: (6 mp, 1 aum) repitan 6 veces [48].
11v: (7 mp, 1 aum) repitan 6 veces [54].
12v: (8 mp, 1 aum) repitan 6 veces [60].
A partir de la siguiente vuelta, tejan alternando colores (ocre y crudo). El color con el que se trabaja se indica antes entre paréntesis.
13v: (*ocre*) 21 mp, (*crudo*) 6 mp, (*ocre*) 6 mp, (*crudo*) 6 mp, (*ocre*) 21 mp [60].
14v: (*ocre*) 20 mp, (*crudo*) 8 mp, (*ocre*) 4 mp, (*crudo*) 8 mp, (*ocre*) 20 mp [60].
15v: (*ocre*) 19 mp, (*crudo*) 10 mp, (*ocre*) 2 mp, (*crudo*) 10 mp, (*ocre*) 19 mp [60].
16v: (*ocre*) 18 mp, (*crudo*) 24 mp, (*ocre*) 18 mp [60].
17v-20v: (*ocre*) 17 mp, (*crudo*) 26 mp, (*ocre*) 17 mp [60].
21v: (*ocre*) 19 mp, (*crudo*) 22 mp, (*ocre*) 19 mp [60].
22v: (*ocre*) 21 mp, (*crudo*) 18 mp, (*ocre*) 21 mp [60].

23v: (*ocre*) (3 mp, 1 dism) repitan 4 veces, 3 mp (*crudo*) 1 dism, (3 mp, 1 dism) repitan 2 veces, 2 mp, (*ocre*) 1 mp, 1 dism (3 mp, 1 dism) y repitan 4 veces [48].
Continúen en ocre.
24v: (2 mp, 1 dism) repitan 12 veces [36].
25v: (4 mp, 1 dism) repitan 6 veces [30].
Cosan el hocico entre las hileras 16 y 23, en el medio del parche color crudo. Coloquen los ojos de seguridad entre las vueltas 18 y 19, a 2 mp del hocico.
26v: (1 mp, 1 dism) repitan 10 veces [20].
27v: 1 mp en cada uno de los 20 mp [20].
Rellenen la cabeza.
28v: (1 mp, 1 aum) repitan 10 veces [30].
29v: 1 mp en cada uno de los 30 mp [30].
30v: (4 mp, 1 aum) repitan 6 veces [36].
31v-44v: 1 mp en cada uno de los 36 mp [36].
45v: (4 mp, 1 dism) repitan 6 veces [30].
46v: (3 mp, 1 dism) repitan 6 veces [24].
Rellenen el cuerpo.
47v: (2 mp, 1 dism) repitan 6 veces [18].
48v: (1 mp, 1 dism) repitan 6 veces [12].
49v: 6 dism [6].
Corten dejando una hebra larga para cerrar los últimos 6 puntos. Con la aguja de tapicería, pasen por el medio de cada punto y ajusten hasta cerrar el agujero. Rematen.

PATAS

(hagan 2, comiencen con crudo)
1v: Tejan un anillo de 6 mp [6].
2v: 1 aum en cada uno de los 6 mp [12].
3v-10v: 1 mp en cada uno de los 12 mp [12].
Rellenen un poco y continúen rellenando a medida que tejan. Cambien a color ocre.
11v-36v: 1 mp en cada uno de los 12 mp [12].
Corten dejando una hebra larga para coser.
Cósanlas entre las vueltas 43 y 44.

BRAZOS

(hagan 2, comiencen con crudo)
1v: Tejan un anillo de 5 mp [5].
2v: 1 aum en cada uno de los 5 mp [10].
3v-7v: 1 mp en cada uno de los 10 mp [10].
Rellenen un poco y continúen rellenando a medida que tejan. Cambien a color ocre.
8v-26v: 1 mp en cada uno de los 10 mp [10].
27v: (3 mp, 1 dism) repitan 2 veces [8].
Corten dejando una hebra larga para coser.
Cósanlos entre las vueltas 29 y 30.

OREJAS

(hagan 2 con ocre)
1v: Tejan un anillo de 6 mp [6].
2v: 1 aum en cada uno de los 6 mp [12].
3v: (1 mp, 1 aum) repitan 6 veces [18].
4v: (2 mp, 1 aum) repitan 6 veces [24].
5v: 1 mp en cada uno de los 24 mp [24].
6v: (2 mp, 1 dism) repitan 6 veces [18].
7v: (1 mp, 1 dism) repitan 6 veces [12].
8v: 6 dism [6].
Corten dejando una hebra larga para cerrar los últimos 6 puntos. Con la aguja de tapicería, pasen por el medio de cada punto y ajusten hasta cerrar el agujero. Cósanlas entre las vueltas 15 y 21, a 2 mp del parche color crudo de la cara. Rematen.

MAMELUCO

(con hilo fino, *fingering*, y con aguja de crochet de 2,75 mm, comiencen con verde azulado)
Tejan 34 cad. Tejan en hileras, ida y vuelta.
1h: Comiencen en el 3.er p cad desde la aguja, 32 pmv, 2 cad y giren [32].
Continúen trabajando con un patrón a rayas, alternando una hilera en verde azulado, una hilera en rosa pastel y una hilera en celeste agua.

2h: (3 pmv, 1 aum) repitan 8 veces, 2 cad y giren [40].
3h: 6 pmv, 6 cad, salten 6 p, 16 pmv, 6 cad, salten 6 p, 6 pmv, 2 cad y giren [40].
Tejan la sig hilera sobre los pmv y los p cad.
4h: (4 pmv, 1 aum) repitan 8 veces, 2 cad y giren [48].
5h-10h: 1 pmv en cada uno de los 48 pmv, 2 cad y giren [48]. Unan con 1 pmv el último punto de la última hilera con el 1.er punto de la siguiente (este punto contará como el 1.er pmv de la sig hilera). Así, los puntos del mameluco estarán unidos para seguir tejiendo en vueltas. Cambien a verde azulado y continúen tejiendo de la siguiente manera:

11v: (11 pmv, 1 aum) repitan 4 veces [52].
12v-13v: 1 pmv en cada uno de los 52 pmv [52].
14v: (12 pmv, 1 aum) repitan 4 veces [56].
Ubiquen la mitad del mameluco para hacer el agujero para la cola. Si no se encuentran allí, tejan o destejan algunos puntos.

15v: Tejan 4 cad, salten 4 p, 52 pmv [56].
Tejan la sig hilera sobre los pmv y los p cad.
16v: 1 pmv en cada uno de los 56 p [56].
17v: (13 pmv, 1 aum) repitan 4 veces [60].
18v: 1 pmv en cada uno de los 60 pmv [60].

PATAS DEL MAMELUCO

Dividan el tejido marcando 6 puntos para el espacio central delantero entre las patas, 6 puntos para el espacio trasero y 24 puntos para cada pata (acá es muy útil el marcador de puntos). Si las patas no quedaran bien alineadas con el centro del mameluco, tejan o destejan algunos pmv para llegar a la posición deseada. Unan con 1 pmv el último punto para la pata del mameluco en la parte trasera con el 1.er punto en la parte delantera (este punto contará como el 1.er pmv de la 1.ª vuelta). Así, los puntos para la primera pata del mameluco estarán unidos para seguir tejiendo en vueltas. Continúen tejiendo:
1v-3v: 1 pmv en cada uno de los 24 pmv [24].
4v: (11 pmv, 1 aum) repitan 2 veces [26].
5v-6v: 1 pmv en cada uno de los 26 pmv [26].
7v: (12 pmv, 1 aum) repitan 2 veces [28].
8v-11v: 1 pmv en cada uno de los 28 pmv [28].
12v: (13 pmv, 1 aum) repitan 2 veces [30].
13v-15v: 1 pmv en cada uno de los 30 pmv [30].
Si el tejido se gira mucho hacia un lado, tejan algunos pmv extra antes de comenzar con la última vuelta de p enano. De esta manera, se asegurarán de que la pata del mameluco quede pareja.
16v: 1 p enano en cada uno de los 30 pmv [30].
Corten y rematen.

Segunda pata del mameluco
Con verde azulado, retomen en el 7.º punto sin tejer de la espalda en la vuelta 18, dejando una hebra de inicio larga para luego cerrar la entrepierna. Desde este punto, comiencen a tejer la segunda pata del mameluco.
1v: 1 pmv en cada uno de los 24 pmv. Al llegar al 24.º punto, unan con 1 pmv al 1.er punto de la vuelta (el que se hizo al retomar el tejido) [24].
2v-16v: Repitan el patrón de la primera pata del mameluco. Corten y rematen. Con una aguja de tapicería, cierren la separación entre las patas del mameluco cosiendo los 6 puntos centrales con la hebra larga que dejaron al retomar el tejido.

Terminación

Con verde azulado, retomen insertando la aguja de afuera hacia adentro, del lado izquierdo del cuello. Tejan una vuelta de mp alrededor de la parte superior del mameluco, 32 mp alrededor del cuello, alrededor de 29 mp del 1.er lado de la abertura de la espalda y otros 29 mp del otro lado de la abertura. Tejan 4 cad y únanlas al siguiente punto con 1 p enano. Corten y rematen.

Bolados de las mangas

Con rosa pastel, retomen en el punto anterior a los puntos que saltaron en la hilera 3 del mameluco (los agujeros para los brazos). Tejan en hileras.
Tejan 2 cad.
1h: 1 aum de pmv en cada uno de los 8 p, 2 cad y giren [16].
2h: 1 aum de pmv en cada uno de los 16 pmv [32].
Corten y rematen.

BOTÓN

(con hilo fino, *fingering*, y con aguja de crochet de 2,75 mm, con rosa pastel)
1v: Tejan un anillo de 8 mp [8].
2v: 1 mp en cada uno de los 8 mp [8].
Corten dejando una hebra larga para cerrar los últimos 6 puntos. Con la aguja de tapicería, pasen por el medio de cada punto y ajusten hasta cerrar el agujero. Cosan el botón en la parte superior de la abertura de la espalda del mameluco, del lado opuesto del ojal.

COLA

(con ocre)

1v: Tejan un anillo de 8 mp [8].
Rellenen a medida que tejan.
2v-40v: 1 mp en cada uno de los 8 mp [8].
Corten dejando una hebra larga para coser. Cósanla al cuerpo tomando en cuenta la posición del espacio para la cola en el mameluco.

Monty Tamandúa

Monty es un jardinero que tiene la suerte de vivir en un paisaje increíble, el valle del Lunarejo, en Uruguay. Su casa está en la cima de un quebracho, su árbol favorito, donde le gusta pasar la mayor parte del tiempo tomando mate y comiendo churros con miel (solo un poquito, porque no quiere abusar de la generosidad de sus amigas las abejas). Todos los días, antes del atardecer, guarda en su bolso algunas frutas bien maduras y un cuaderno, y sale a hacer su recorrido diario por el valle. Monty tiene la tarea de verificar la salud de todos los árboles y asegurarse de que los insectos estén haciendo lo que tienen que hacer (y no coman de más). Monty prefiere estar solo, pero una vez al mes se reúne con René Yacaré y Marcos Cuatí para intercambiar datos sobre las regiones en las que trabajan y discutir sobre el libro que están escribiendo juntos.

NIVEL: ★★★

Tamaño: 32 cm

Materiales:
– Hilo de algodón fino (*fingering* o *sport*) en:
  · negro
  · celeste agua
  · crudo
  · gris grafito
  · rosa pastel
– Aguja de crochet de 2,75 mm
– Ojos plásticos de seguridad 8 mm
– Vellón siliconado

Conocimientos necesarios: tejer usando dos hebras de hilo, tejer picando entre dos puntos (página 25), tejer en hileras, anillo mágico (página 32), cambiar color al inicio de la vuelta (página 35), dividir el cuerpo en dos partes (página 47), bordar (página 38), unir partes (página 39).

Nota: Este muñeco se teje utilizando 2 hebras de hilo para obtener una mezcla de colores en la nariz y las extremidades. Asegúrense de tener 2 ovillos o trabajen con cada extremo del ovillo.

CABEZA

(comiencen con 2 hebras de negro)
Comiencen con la nariz.
1v: Tejan un anillo de 6 mp [6].
2v: (1 mp, 1 aum) repitan 3 veces [9].
3v: 1 mp en cada uno de los 9 mp [9].
4v: (2 mp, 1 aum) repitan 3 veces [12].
5v-6v: 1 mp en cada uno de los 12 mp [12].
7v: (3 mp, 1 aum) repitan 3 veces [15].
8v-9v: 1 mp en cada uno de los 15 mp [15].
Cambien a una hebra en color negro y otra hebra en color celeste agua.
10v: (4 mp, 1 aum) repitan 3 veces [18].
11v-12v: 1 mp en cada uno de los 18 mp [18].
13v: (5 mp, 1 aum) repitan 3 veces [21].
14v-15v: 1 mp en cada uno de los 21 mp [21].
Cambien a 2 hebras de color celeste agua.
16v: (6 mp, 1 aum) repitan 3 veces [24].
17v-18v: 1 mp en cada uno de los 24 mp [24].
19v: (7 mp, 1 aum) repitan 3 veces [27].
20v-21v: 1 mp en cada uno de los 27 mp [27].
Con celeste agua, borden pequeñas líneas en la parte negra de la nariz y, con negro, pequeñas líneas en la parte celeste agua.
22v: (8 mp, 1 aum) repitan 3 veces [30].

23v-24v: 1 mp en cada uno de los 30 mp [30]. Rellenen la cabeza y continúen rellenando a medida que tejan.
25v: (9 mp, 1 aum) repitan 3 veces [33].
26v-27v: 1 mp en cada uno de los 33 mp [33].
28v: (10 mp, 1 aum) repitan 3 veces [36].
29v-30v: 1 mp en cada uno de los 36 mp [36].
31v: (11 mp, 1 aum) repitan 3 veces [39].
32v-33v: 1 mp en cada uno de los 39 mp [39].
34v: (12 mp, 1 aum) repitan 3 veces [42].
35v-37v: 1 mp en cada uno de los 42 mp [42].
38v: (13 mp, 1 aum) repitan 3 veces [45].
39v-48v: 1 mp en cada uno de los 45 mp [45].
Coloquen los ojos de seguridad entre las vueltas 40 y 41, a una distancia de unos 19 puntos entre sí. Con rosa pastel, borden los cachetes bajo los ojos.
49v: (13 mp, 1 dism) repitan 3 veces [42].
50v: (5 mp, 1 dism) repitan 6 veces [36].
51v: (4 mp, 1 dism) repitan 6 veces [30].
52v: (3 mp, 1 dism) repitan 6 veces [24].
53v: (2 mp, 1 dism) repitan 6 veces [18].
54v: (1 mp, 1 dism) repitan 6 veces [12].
55v: 6 dism [6].
Corten dejando una hebra larga para cerrar los últimos 6 puntos. Con la aguja de tapicería, pasen por el medio de cada punto y ajusten hasta cerrar el agujero. Rematen.

CUERPO

(comiencen con 2 hebras de celeste agua)
Al comenzar la cadena, dejen una hebra larga para coser el cuerpo a la cabeza. Tejan 27 cad. Asegúrense de que la cadena no esté torcida y unan ambos extremos con 1 p enano. Continúen trabajando en espiral.
1v-2v: 1 mp en cada uno de los 27 p [27].
Continúen con un patrón a rayas, alternando una vuelta con 2 hebras de color crudo con una vuelta con 2 hebras de color gris grafito.
3v: (8 mp, 1 aum) repitan 3 veces [30].
4v-7v: 1 mp en cada uno de los 30 mp [30].
8v: (4 mp, 1 aum) repitan 6 veces [36].
9v-12v: 1 mp en cada uno de los 36 mp [36].
13v: (5 mp, 1 aum) repitan 6 veces [42].
14v-17v: 1 mp en cada uno de los 42 mp [42].
18v: (6 mp, 1 aum) repitan 6 veces [48].
19v-22v: 1 mp en cada uno de los 48 mp [48].
Cambien a 2 hebras en color celeste agua.
23v: Tejan tomando solo la hebra trasera, (7 mp, 1 aum) repitan 6 veces [54].
24v-27v: 1 mp en cada uno de los 54 mp [54].
28v: (8 mp, 1 aum) repitan 6 veces [60].
29v-35v: 1 mp en cada uno de los 60 mp [60].
36v: (8 mp, 1 dism) repitan 6 veces [54].
37v-40v: 1 mp en cada uno de los 54 mp [54].

PATAS

Dividan el tejido marcando 6 puntos para el espacio central delantero entre las patas, 6 puntos para el espacio trasero y 21 puntos para cada extremidad (acá es muy útil el marcador de puntos). Unan con 1 mp el último punto para la pata en la parte trasera con el 1.er punto en la parte delantera (este punto contará como el 1.er mp de la 1.ª vuelta). Así, los puntos para la primera pata estarán unidos para seguir tejiendo en vueltas. Continúen tejiendo:
41v-42v: 1 mp en cada uno de los 21 mp [21].
Cambien a una hebra en color celeste agua y una hebra en color negro.
43v: 1 mp en cada uno de los 21 mp [21].
44v: (5 mp, 1 dism) repitan 3 veces [18].
45v-46v: 1 mp en cada uno de los 18 mp [18].
47v: (4 mp, 1 dism) repitan 3 veces [15].
Cambien a 2 hebras en color negro.
48v-49v: 1 mp en cada uno de los 15 mp [15].
Rellenen firmemente el cuerpo y la primera pata.
50v: (3 mp, 1 dism) repitan 3 veces [12].
51v-52v: 1 mp en cada uno de los 12 mp [12].
53v: 6 dism [6].
Corten dejando una hebra larga para cerrar los últimos 6 puntos. Con la aguja de tapicería, pasen por el medio de cada punto y ajusten hasta cerrar el agujero. Rematen.

Segunda pata
Con 2 hebras de celeste agua, retomen en el 7.º punto sin tejer de la espalda en la vuelta 40, dejando una hebra de inicio larga para luego cerrar la entrepierna. Desde este punto, comiencen a tejer la segunda pata.
41v: 1 mp en cada uno de los 21 mp. Al llegar al punto 21, unan con 1 mp al 1.er punto de la vuelta (el que se hizo al retomar el tejido) [21].
42v-53v: Repitan el patrón de la primera pata. Terminen de rellenar el cuerpo y la segunda pata. Con una aguja de tapicería, cierren la separación entre las patas cosiendo los 6 puntos centrales con la hebra larga que dejaron al retomar el tejido.
Cosan el cuerpo entre las vueltas 38 y 49 de la cabeza.

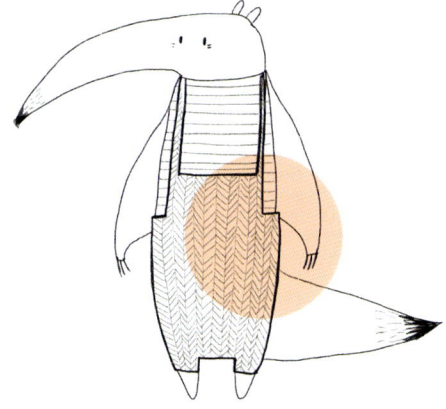

BRAZOS

(hagan 2, comiencen con 2 hebras de crudo)
1v: Tejan un anillo de 5 mp [5].
2v: 1 mp en cada uno de los 5 mp [5].
3v: (1 mp, 1 aum) repitan 2 veces, 1 mp [7].
4v-5v: 1 mp en cada uno de los 7 mp [7].
6v: (2 mp, 1 aum) repitan 2 veces, 1 mp [9].
Cambien a una hebra en color crudo y una hebra en color negro.
7v-8v: 1 mp en cada uno de los 9 mp [9].
9v: (3 mp, 1 aum) repitan 2 veces, 1 mp [11].
10v-11v: 1 mp en cada uno de los 11 mp [11].
12v: (4 mp, 1 aum) repitan 2 veces, 1 mp [13].
Cambien a una hebra en color negro y una hebra en color celeste agua.
13v-14v: 1 mp en cada uno de los 13 mp [13]. Rellenen un poco y continúen rellenando a medida que tejan.
15v: (5 mp, 1 aum) repitan 2 veces, 1 mp [15].
16v-17v: 1 mp en cada uno de los 15 mp [15].
18v: (6 mp, 1 aum) repitan 2 veces, 1 mp [17].
Cambien a 2 hebras en color celeste agua.
19v-20v: 1 mp en cada uno de los 17 mp [17].
21v: (7 mp, 1 aum) repitan 2 veces, 1 mp [19].
22v-30v: 1 mp en cada uno de los 19 mp [19].
31v: (1 mp, 1 dism) repitan 6 veces, 1 mp [13].
32v: 1 mp en cada uno de los 13 mp [13].
Corten dejando una hebra larga para coser.
Si es necesario, agreguen más relleno.
Cósanlos entre las vueltas 4 y 5 del cuerpo.

OREJAS

(hagan 2 con 2 hebras de celeste agua)
1v: Tejan un anillo de 8 mp [8].
2v-4v: 1 mp en cada uno de los 8 mp [8].
Corten dejando una hebra larga para coser.
No las rellenen y aplánenlas antes de coser.
Cósanlas entre las vueltas 47 y 48 en la parte superior de la cabeza.

COLA

(comiencen con 2 hebras de negro)
1v: Tejan un anillo de 6 mp [6].
2v: 1 mp en cada uno de los 6 mp [6].
3v: (1 mp, 1 aum) repitan 3 veces [9].
4v-5v: 1 mp en cada uno de los 9 mp [9].
6v: (2 mp, 1 aum) repitan 3 veces [12].
7v-8v: 1 mp en cada uno de los 12 mp [12].
9v: (3 mp, 1 aum) repitan 3 veces [15].
10v-11v: 1 mp en cada uno de los 15 mp [15].
Cambien a una hebra en color negro y a otra hebra en color celeste agua.
12v: (4 mp, 1 aum) repitan 3 veces [18].
13v-14v: 1 mp en cada uno de los 18 mp [18].
15v: (5 mp, 1 aum) repitan 3 veces [21].
16v-17v: 1 mp en cada uno de los 21 mp [21].
18v: (6 mp, 1 aum) repitan 3 veces [24].
19v-20v: 1 mp en cada uno de los 24 mp [24].
21v: (7 mp, 1 aum) repitan 3 veces [27].
22v-23v: 1 mp en cada uno de los 27 mp [27].
24v: (8 mp, 1 aum) repitan 3 veces [30].
25v-26v: 1 mp en cada uno de los 30 mp [30].
Rellenen la cola y continúen rellenando a medida que tejan.
27v: (9 mp, 1 aum) repitan 3 veces [33].
28v-29v: 1 mp en cada uno de los 33 mp [33].
30v: (10 mp, 1 aum) repitan 3 veces [36].
31v-32v: 1 mp en cada uno de los 36 mp [36].
33v: (11 mp, 1 aum) repitan 3 veces [39].
34v-35v: 1 mp en cada uno de los 39 mp [39].
36v: (12 mp, 1 aum) repitan 3 veces [42].
37v-38v: 1 mp en cada uno de los 42 mp [42].
Cambien a 2 hebras de color celeste agua.
39v: (13 mp, 1 aum) repitan 3 veces [45].
40v-42v: 1 mp en cada uno de los 45 mp [45].
Corten dejando una hebra larga para coser. Si es necesario, agreguen más relleno. Cósanla en la espalda, centrada, entre las vueltas 23 y 37.

MAMELUCO

(con 2 hebras de rosa pastel)

Empiecen con las patas del mameluco, hagan 2. Tejan 24 cad. Asegúrense de que la cadena no esté torcida y unan ambos extremos con 1 p enano. Continúen trabajando en espiral.
Noten que, a partir de la 2.ª vuelta, todos los pmv están tejidos picando entre 2 puntos.

1v-4v: 1 pmv en cada uno de los 24 p [24].
Corten la hebra de la primera pata del mameluco y rematen. Repitan las vueltas 1 a 4 para la segunda pata, pero no corten el hilo porque las patas se unirán en la siguiente vuelta para continuar con el mameluco.

5v: Tejan 4 cad, unan con 1 pmv al último punto de la primera pata del mameluco, 23 pmv alrededor de la primera pata, 4 pmv sobre los p cad, 24 pmv sobre la segunda pata y 4 pmv sobre los p cad [56]. Con la aguja de tapicería pueden cerrar los posibles agujeros entre las patas del mameluco.

6v-8v: 1 pmv entre cada uno de los 56 pmv [56].

9v: 50 pmv. No terminen esta vuelta. A continuación, crearán un espacio de 12 puntos para la cola. Continúen tejiendo en hileras. Tejan 2 cad y giren.

10h-14h: 1 pmv entre cada uno de los 44 pmv, tejan 2 cad y giren [44].

15h: 1 pmv entre cada uno de los 44 pmv. Tejan 12 cad. Unan el último p cad al 1.er punto de esta hilera tejiendo 1 pmv (este pmv será el 1.er punto de la siguiente vuelta). Continúen trabajando en espiral.

16v-17v: 1 pmv entre cada uno de los 56 pmv [56].

18v: (5 pmv, 1 dism) repitan 8 veces [48].

19v-20v: 1 pmv entre cada uno de los 48 pmv [48].

21v: 32 pmv. No terminen esta vuelta. A continuación, tejerán la pechera. Continúen tejiendo en hileras. (Aplanen el mameluco y verifiquen que están en el extremo de la pata derecha. De no encontrarse allí, tejan o destejan algunos puntos). Tejan 2 cad y giren.

22h-23h: 1 pmv entre cada uno de los 20 pmv, 2 cad y giren [20].

24h: 2 pmv, 1 dism, 12 pmv, 1 dism, 2 pmv, 2 cad y giren [18].

25h: 1 pmv entre cada uno de los 18 pmv, 2 cad y giren [18].

26h: 2 pmv, 1 dism, 10 pmv, 1 dism, 2 pmv, 2 cad y giren [16].

27h: 1 pmv entre cada uno de los 16 pmv, 2 cad y giren [16].

28h: 2 pmv, 1 dism, 8 pmv, 1 dism, 2 pmv, 2 cad y giren [14].

29h: 1 pmv entre cada uno de los 14 pmv, 2 cad y giren [14].

30h: 2 pmv, 1 dism, 6 pmv, 1 dism, 2 pmv, 2 cad y giren [12].

31h: 1 pmv entre cada uno de los 12 pmv [12].
Sin cortar la hebra, continúen tejiendo los tirantes. Tejan 25 cad y unan el último p cad a la parte trasera de la cintura haciendo 1 mp (como referencia, usen el espacio para la cola o cuenten 8 puntos a la izquierda de la pechera y unan con 1 mp al 9.º punto). Continúen tejiendo alrededor de la cintura, 11 mp (han tejido en total 12 mp en la parte trasera de la cintura). Tejan 25 cad, unan el último p cad al último punto de la hilera 31 (este punto contará como el 1.er p en el frente de la pechera), y tejan 12 mp en el borde superior de la pechera.

32v: Continúen en la cad de los tirantes, 25 p enano en cada uno de los 25 p cad. Continúen en la cintura, 12 p enano. Luego continúen en el 2.º tirante, 25 p enano y terminen en la parte superior de la pechera, 12 p enano [74].
Corten y rematen.
A continuación, terminarán los bordes de la pechera. Con rosa pastel, retomen insertando la aguja de crochet en el borde exterior del tirante a la altura de la cintura. Tejan 25 p enano en el tirante, 13 p enano sobre el lado izquierdo de la pechera, 8 p enano sobre la cintura. Corten y rematen. Repitan en el otro lado del mameluco.

Javier Cabra

Javier vive y trabaja junto a su familia en los olivares de una pequeña ciudad del sur de España. Producen el mejor aceite de oliva de la región y está superorgulloso de formar parte de ese logro. Pero también tiene su propio "sueño hortícola". La última vez que visitó a su tía Marcia Alpaca se enamoró de la agricultura peruana y de sus cientos de variedades de una misma hortaliza. Así que, con la ayuda de las semillas que Marcia le regaló, Javi ha comenzado a cultivar todo tipo de antiquísimas variedades de maíz, papas y tomates. Su sueño es cultivar toda la variedad que alguna vez existió en América del Sur, recuperar esos sabores originales y tratar a la tierra con esa amabilidad y respeto ancestral. Mientras espera que crezcan los primeros cultivos, pasa horas y horas tejiendo, y hasta pensó en comenzar a teñir e hilar sus propios hilos.

NIVEL: ★★★

Tamaño: 33 cm (incluidos los cuernos)

Materiales:
– Hilo de algodón mediano (*worsted*) en:
  · marrón
  · crudo
  · gris grafito
  · amarillo
  · negro
  · rosa pastel
– Aguja de crochet de 2,75 mm
– Ojos plásticos de seguridad de 10 mm
– Vellón siliconado

Conocimientos necesarios:
anillo mágico (página 32), tejer a ambos lados de la cadena base (página 34), cambiar color al inicio de vuelta (página 35), cambiar de color a mitad de vuelta (página 35), tejer en hileras, dividir el cuerpo en dos partes (página 47), punto musgo (página 28), bordar (página 38), unir partes (página 39).

Nota: La cabeza y el cuerpo están tejidos en una sola pieza.

CACHETES

(hagan 2 con rosa pastel)
1v: Tejan un anillo de 8 mp [8].
Corten y dejen una hebra larga para coser.

HOCICO

(con crudo)
1v: Tejan un anillo de 6 mp [6].
2v: 1 aum en cada uno de los 6 mp [12].
3v: (1 mp, 1 aum) repitan 6 veces [18].
4v: (2 mp, 1 aum) repitan 6 veces [24].
5v-7v: 1 mp en cada uno de los 24 mp [24].
8v: (5 mp, 1 aum) repitan 4 veces [28].
9v: 1 mp en cada uno de los 28 mp [28].
Corten dejando una hebra larga para coser. Con negro, borden la nariz y la boca. Rellenen.

CABEZA Y CUERPO

(comiencen con marrón)
1v: Tejan un anillo de 6 mp [6].
2v: 1 aum en cada uno de los 6 mp [12].
3v: (1 mp, 1 aum) repitan 6 veces [18].
A partir de la siguiente vuelta, tejan alternando colores (marrón y crudo). El color con el que se trabaja se indica antes entre paréntesis.
4v: (*marrón*) (2 mp, 1 aum) repitan 2 veces, (*crudo*) 2 mp, 1 aum, 2 mp, (*marrón*) 1 aum, (2 mp, 1 aum) repitan 2 veces [24].
5v: (*marrón*) (3 mp, 1 aum) repitan 2 veces, (*crudo*) 3 mp, 1 aum, 2 mp, (*marrón*) 1 mp, 1 aum, (3 mp, 1 aum) repitan 2 veces [30].
6v: (*marrón*) (4 mp, 1 aum) repitan 2 veces, (*crudo*) 4 mp, 1 aum, 2 mp, (*marrón*) 2 mp, 1 aum, (4 mp, 1 aum) repitan 2 veces [36].
7v: (*marrón*) (5 mp, 1 aum) repitan 2 veces, (*crudo*) 5 mp, 1 aum, 2 mp, (*marrón*) 3 mp, 1 aum, (5 mp, 1 aum) repitan 2 veces [42].
8v: (*marrón*) (6 mp, 1 aum) repitan 2 veces, (*crudo*) 6 mp, 1 aum, 2 mp, (*marrón*) 4 mp, 1 aum, (6 mp, 1 aum) repitan 2 veces [48].
9v: (*marrón*) (7 mp, 1 aum) repitan 2 veces, (*crudo*) 7 mp, 1 aum, 2 mp, (*marrón*) 5 mp, 1 aum, (7 mp, 1 aum) repitan 2 veces [54].
10v: (*marrón*) (8 mp, 1 aum) repitan 2 veces, (*crudo*) 8 mp, 1 aum, 2 mp, (*marrón*) 6 mp, 1 aum, (8 mp, 1 aum) repitan 2 veces [60].

11v-15v: (*marrón*) 20 mp, (*crudo*) 12 mp, (*marrón*) 28 mp [60].
16v: (*marrón*) 21 mp, (*crudo*) 10 mp, (*marrón*) 29 mp [60].
17v-18v: (*marrón*) 22 mp, (*crudo*) 8 mp, (*marrón*) 30 mp [60].
Continúen en marrón.
19v-23v: 1 mp en cada uno de los 60 mp [60].
A partir de la siguiente vuelta, tejan alternando colores (*marrón y crudo*). El color con el que se trabaja se indica antes entre paréntesis.
24v: (*marrón*) (3 mp, 1 dism) repitan 4 veces, 1 mp (*crudo*) 2 mp, 1 dism, 3 mp, 1 dism, 2 mp, (*marrón*) 1 mp, 1 dism, (3 mp, 1 dism) repitan 5 veces [48].
25v: (*marrón*) (2 mp, 1 dism) repitan 4 veces, 1 mp (*crudo*) 1 mp, 1 dism, 2 mp, 1 dism, 2 mp, (*marrón*) 1 dism, (2 mp, 1 dism) repitan 5 veces [36].
Cosan el hocico entre las vueltas 17 y 25. Coloquen los ojos de seguridad entre las vueltas 18 y 19, a 3 mp del hocico. Cosan los cachetes bajo los ojos.
26v: (*marrón*) (4 mp, 1 dism) repitan 2 veces, 1 mp (*crudo*) 3 mp, 1 dism, 2 mp (*marrón*) 2 mp, 1 dism, (4 mp, 1 dism) repitan 2 veces [30].
27v: (*marrón*) (3 mp, 1 dism) repitan 2 veces, 1 mp (*crudo*) 2 mp, 1 dism, 2 mp (*marrón*) 1 mp, 1 dism, (3 mp, 1 dism) repitan 2 veces [24].
28v: (*marrón*) 4 mp, 1 dism, 3 mp (*crudo*) 1 mp, 1 dism, 2 mp (*marrón*) 2 mp, 1 dism, 4 mp, 1 dism [20].
29v: (*marrón*) 8 mp (*crudo*) 4 mp (*marrón*) 8 mp [20].
Rellenen la cabeza. Continúen con un patrón a rayas, alternando una vuelta en gris grafito con una vuelta en crudo.
30v: (1 mp, 1 aum) repitan 10 veces [30].
31v-32v: 1 mp en cada uno de los 30 mp [30].
33v: (4 mp, 1 aum) repitan 6 veces [36].
34v-37v: 1 mp en cada uno de los 36 mp [36].
38v: (8 mp, 1 aum) repitan 4 veces [40].
39v-41v: 1 mp en cada uno de los 40 mp [40].
Cambien a color marrón.
42v: Tejan tomando solo la hebra trasera, 1 mp en cada uno de los 40 mp [40].
43v-47v: 1 mp en cada uno de los 40 mp [40].

PATAS

Dividan el tejido marcando 4 puntos para el espacio central delantero entre las patas, 4 puntos para el espacio trasero y 16 puntos para cada extremidad (acá es muy útil el marcador de puntos). Si las patas no quedaran bien alineadas con la cabeza, tejan o destejan algunos mp para llegar a la posición deseada. Unan con 1 mp el último punto para la pata en la parte trasera con el 1.ᵉʳ punto en la parte delantera (este punto contará como el 1.ᵉʳ mp de la 1.ª vuelta). Así, los puntos para la primera pata estarán unidos para seguir tejiendo en vueltas. Continúen tejiendo:
48v-73v: 1 mp en cada uno de los 16 mp [16].
Rellenen firmemente el torso y la primera pata.
74v: (2 mp, 1 dism) repitan 4 veces [12].
75v: 6 dism [6].
Corten dejando una hebra larga para cerrar los últimos 6 puntos. Con la aguja de tapicería, pasen por el medio de cada punto y ajusten hasta cerrar el agujero. Rematen.

Segunda pata
Con marrón, retomen en el 5.º punto sin tejer de la espalda en la vuelta 47, dejando una hebra de inicio larga para luego cerrar la entrepierna. Desde este punto, comiencen a tejer la segunda pata.
48v: 1 mp en cada uno de los 16 mp. Al llegar al punto 16, unan con 1 mp al 1.er punto de la vuelta (el que se hizo al retomar el tejido) [16].
49v-75v: Repitan el patrón de la primera pata. Terminen de rellenar el cuerpo y la segunda pata. Con una aguja de tapicería, cierren la separación entre las patas cosiendo los 4 puntos centrales con la hebra larga que dejaron al retomar el tejido.

BRAZOS

(hagan 2, comiencen con marrón)
1v: Tejan un anillo de 6 mp [6].
2v: 1 aum en cada uno de los 6 mp [12].
3v-4v: 1 mp en cada uno de los 12 mp [12].
5v: 1 mp, 1 p mota, 10 mp [12].
6v-17v: 1 mp en cada uno de los 12 mp [12].
Continúen con un patrón a rayas, alternando una vuelta en gris grafito con una vuelta en crudo.
18v-20v: 1 mp en cada uno de los 12 mp [12].
21v: (1 mp, 1 dism) repitan 4 veces [8].
Corten dejando una hebra larga para coser.
Rellenen. Cósanlos entre las vueltas 31 y 32.

CUERNOS

(hagan 2 con crudo)
1v: Tejan un anillo de 6 mp [6].
2v: 1 mp en cada uno de los 6 mp [6].
3v: Tejan tomando solo la hebra trasera, (1 mp, 1 aum) repitan 3 veces [9].
4v: 1 mp en cada uno de los 9 mp [9].
5v: Tejan tomando solo la hebra trasera, (2 mp, 1 aum) repitan 3 veces [12].
6v: 1 mp en cada uno de los 12 mp [12].
7v: Tejan tomando solo la hebra trasera, 1 mp en cada uno de los 12 mp [12].
8v: 1 mp en cada uno de los 12 mp [12].
Corten dejando una hebra larga para coser.
Cósanlos en la parte superior de la cabeza, entre las vueltas 4 y 8.

OREJAS

(hagan 2 con marrón)
1v: Tejan un anillo de 6 mp [6].
2v: 1 aum en cada uno de los 6 mp [12].
3v: 1 mp en cada uno de los 12 mp [12].
4v: (1 mp, 1 aum) repitan 6 veces [18].
5v-6v: 1 mp en cada uno de los 18 mp [18].
7v: (2 mp, 1 aum) repitan 6 veces [24].
8v-14v: 1 mp en cada uno de los 24 mp [24].
15v: (4 mp, 1 dism) repitan 4 veces [20].
16v-17v: 1 mp en cada uno de los 20 mp [20].
18v: (3 mp, 1 dism) repitan 4 veces [16].
19v-20v: 1 mp en cada uno de los 16 mp [16].
Corten dejando una hebra larga para coser. Con crudo, borden líneas en el interior. No las rellenen. Aplanen las orejas y dóblenlas antes de coser entre las vueltas 9 y 11.

BARBA

(con crudo)
1v: Tejan un anillo de 5 mp [5].
2v: 1 mp en cada uno de los 5 mp [5].
3v: (1 mp, 1 aum) repitan 2 veces, 1 mp [7].
4v: 1 mp en cada uno de los 7 mp [7].
Corten dejando una hebra larga para coser. Rellenen un poquito. Cósanla en la parte inferior del hocico, entre las vueltas 7 y 9.

COLA

(con marrón)
1v: Tejan un anillo de 5 mp [5].
2v: 1 mp en cada uno de los 5 mp [5].
3v: 1 aum en cada uno de los 5 mp [10].
4v: 1 mp en cada uno de los 10 mp [10].
Corten dejando una hebra larga para coser. No la rellenen. Cosan la cola en la parte de atrás, centrada entre las vueltas 42 y 43.

MAMELUCO

(con marrón)
Tejan 48 cad. Asegúrense de que la cadena no esté torcida y unan ambos extremos con 1 p enano. Continúen trabajando en espiral.
1v: 1 mp en cada uno de los 48 p [48].
2v: (23 mp, 1 aum) repitan 2 veces [50].
Continúen con un patrón Jacquard alternando una vuelta con 2 puntos en gris grafito y 1 punto en crudo con una vuelta en gris grafito (vean el diagrama).
3v: 1 mp en cada uno de los 50 mp [50].
4v: 2 mp, 5 cad, salten 5 p, 43 mp [50].
5v-9v: 1 mp en cada uno de los 50 mp [50].

PATAS DEL MAMELUCO

Dividan el tejido marcando 4 puntos para el espacio central delantero entre las patas, 4 puntos para el espacio trasero y 21 puntos para cada pata (acá es muy útil el marcador de puntos). Si las patas no quedaran bien alineadas con el centro del mameluco, tejan o destejan algunos pmv para llegar a la posición deseada. Asegúrense de que el espacio para la cola esté en el medio. Unan con 1 pmv el último punto para la pata del mameluco en la parte trasera con el 1.er punto en la parte delantera (este punto contará como el 1.er pmv de la 1.ª vuelta). Así, los puntos para la primera pata del mameluco estarán unidos para seguir tejiendo en vueltas. Continúen tejiendo:
10v-20v: (en Jacquard) 1 mp en cada uno de los 21 mp [21].
21v: 1 p enano en cada una de las 21 mp [21].
Corten y rematen.

Segunda pata del mameluco
Con gris grafito, retomen en el 5.º punto sin tejer de la espalda en la vuelta 10, dejando una hebra de inicio larga para luego cerrar la entrepierna. Desde este punto, comiencen a tejer la segunda pata del mameluco.
10v: 1 mp en cada una de las 21 mp. Al llegar al punto 21, unan con 1 mp al 1.er punto de la vuelta (el que se hizo al retomar el tejido) [21].

11v-21v: Repitan el patrón de la primera pata del mameluco.
Corten y rematen. Con una aguja de tapicería, cierren la separación entre las patas del mameluco cosiendo los 4 puntos centrales con la hebra larga que dejaron al retomar el tejido.

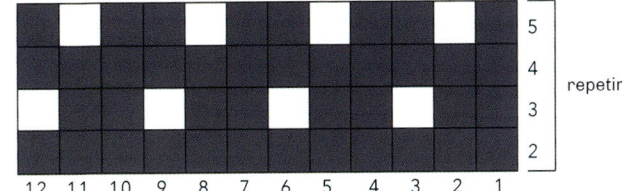

PECHERA DEL MAMELUCO

(con amarillo)
Continúen trabajando en la pechera, tomando 12 puntos centrales de la vuelta 1 del mameluco y tejiendo en hileras horizontales. Retomen insertando la aguja de crochet desde el lado derecho del tejido, hagan una cadena y sigan trabajando de la siguiente manera:
1h: 1 mp en cada uno de los 12 p, 1 cad y giren [12].
2h-7h: 1 p musgo en cada uno de los 12 p, 1 cad y giren [12].
8h: 1 p musgo en cada uno de los 12 p [12].
Sin cortar la hebra, continúen tejiendo los tirantes y la cintura.
Tejan 21 cad, comiencen en el 2.° p cad desde la aguja, 20 p enano. Continúen en el borde superior de la pechera, 12 p enano. Tejan 21 cad, comiencen en el 2.° p cad desde la aguja, 20 p enano. Continúen sobre el lado izquierdo de la pechera, 8 mp, luego sobre la cintura, 7 mp, 1 dism, 19 mp, 1 dism, 7 mp. Terminen sobre el lado derecho de la pechera, 8 mp.
Corten la hebra y rematen. Crucen los tirantes en la espalda y cósanlos a la cintura del mameluco.

Nira Tigresa

Nira siempre se ha presentado como una crafter. Tejer a dos agujas, al crochet, hacer tapices, macramé, cualquiera sea la técnica de tejido habida o por haber, ella las domina todas. Además, tiene un segundo trabajo: es diseñadora en un laboratorio de tecnología experimental donde aplica todos sus conocimientos sobre tejidos para crear materiales sustentables y reciclables que puedan usarse en diversas áreas de la ciencia y la construcción.
Pero Nira no suele hablar mucho de su trabajo porque siente que la mayoría de las personas se aburren ante tantos tecnicismos... O simplemente piensan que se está jactando de su trabajo "importante". Así que prefiere pasar desapercibida, sentarse tranquila en el rincón de algún café y tejer bufandas mientras se imagina cómo resolver su próximo desafío textil.

NIVEL: ★★★

Tamaño: 32 cm
(incluidas las orejas)

Materiales:
– Hilo de algodón mediano (*worsted*) en:
  · rosa pastel
  · crudo
  · negro
  · rojo óxido
  · amarillo
  · gris verdoso
– Hilo de algodón fino (*fingering*) en:
  · verde azulado
– Aguja de crochet de 2,75 mm
– Aguja de crochet de 3,25 mm
– Ojos plásticos de seguridad de 10 mm
– Vellón siliconado

Conocimientos necesarios:
anillo mágico (página 32), tejer a ambos lados de la cadena base (página 34), cambiar color al inicio de vuelta (página 35), cambiar de color a mitad de vuelta (página 35), dividir el cuerpo en dos partes (página 47), punto espiga (página 29), bordar (página 38), unir partes (página 39).

Nota: Usen siempre la aguja de 2,75, salvo que se indique lo contrario.

Nota: La cabeza y el cuerpo están tejidos en una sola pieza.

Nota: El muñeco está tejido usando el mp X (página 23). Si utilizan mp V, las rayas quedarán alineadas de un lado y se correrán un poco del otro. Puede que tengan que moverlas para que queden alineadas.

HOCICO

(comiencen con crudo)
Tejan 8 cad. Tejan a ambos lados de la cadena base.
1v: Comiencen en el 2.º p cad desde la aguja, 1 aum, 5 mp, 3 mp en el último punto. Continúen al otro lado de la cadena base, 6 mp [16].
A partir de la siguiente vuelta, tejan alternando colores (crudo y rosa pastel). El color con el que se trabaja se indica antes entre paréntesis.
2v: (crudo) 2 aum, 5 mp, 2 aum (rosa pastel), 1 aum, 5 mp, 1 aum [22].
3v-5v: (rosa pastel) 1 mp, (crudo) 12 mp, (rosa pastel) 9 mp [22].
Corten dejando una hebra larga para coser. Con negro, borden la nariz y la boca. Rellenen.

CABEZA Y CUERPO

(comiencen con rosa pastel)
1v: Tejan un anillo de 6 mp [6].
2v: 1 aum en cada uno de los 6 mp [12].
3v: (1 mp, 1 aum) repitan 6 veces [18].
4v: (2 mp, 1 aum) repitan 6 veces [24].
5v: (3 mp, 1 aum) repitan 6 veces [30].
6v: (4 mp, 1 aum) repitan 6 veces [36].
A partir de la siguiente vuelta, tejan alternando colores (rosa pastel y rojo óxido). El color con el que se trabaja se indica antes entre paréntesis.
7v: (*rosa pastel*) (5 mp, 1 aum) repitan 3 veces, (*rojo óxido*) 5 mp, (*rosa pastel*) 1 aum, (5 mp, 1 aum) repitan 2 veces [42].
8v: (*rosa pastel*) (6 mp, 1 aum) repitan 6 veces [48].
9v: (*rosa pastel*) (7 mp, 1 aum) repitan 6 veces [54].
10v: (*rosa pastel*) 26 mp, (*rojo óxido*) 8 mp, (*rosa pastel*) 20 mp [54].

11v-12v: (*rosa pastel*) 1 mp en cada uno de los 54 mp [54].
13v: (*rosa pastel*) 25 mp, (*rojo óxido*) 10 mp, (*rosa pastel*) 19 mp [54].
14v: (*rosa pastel*) 1 mp en cada uno de los 54 mp [54].
15v: (*rosa pastel*) (8 mp, 1 aum) repitan 6 veces [60].
16v: (*rosa pastel*) 13 mp, (*rojo óxido*) 10 mp, (*rosa pastel*) 20 mp, (*rojo óxido*) 10 mp, (*rosa pastel*) 7 mp [60].
17v: (*rosa pastel*) 1 mp en cada uno de los 60 mp [60]. Cambien a color crudo.
18v: (4 mp, 1 aum) repitan 12 veces [72].
19v-22v: 1 mp en cada uno de los 72 mp [72].
23v: (4 mp, 1 dism) repitan 12 veces [60].
24v: (3 mp, 1 dism) repitan 12 veces [48].
25v: (2 mp, 1 dism) repitan 12 veces [36].
Cosan el hocico entre las vueltas 15 y 22, debajo de las 3 rayas color rojo óxido. Coloquen los ojos de seguridad entre las vueltas 16 y 17, a 2 mp del hocico.
26v: (4 mp, 1 dism) repitan 6 veces [30].
27v: (3 mp, 1 dism) repitan 6 veces [24].
28v: (4 mp, 1 dism) repitan 4 veces [20].
29v: 1 mp en cada uno de los 20 mp [20].
Rellenen la cabeza firmemente. Cambien a gris verdoso.
30v: (4 mp, 1 aum) repitan 4 veces [24].
31v: (3 mp, 1 aum) repitan 6 veces [30].
32v-33v: 1 mp en cada uno de los 30 mp.
34v: (4 mp, 1 aum) repitan 6 veces [36].
35v-36v: 1 mp en cada uno de los 36 mp [36].
37v: (8 mp, 1 aum) repitan 4 veces [40].
38v-40v: 1 mp en cada uno de los 40 mp [40].
Cambien a rosa pastel.
41v: Tejan tomando solo la hebra trasera, 1 mp en cada uno de los 40 mp [40].
42v: 1 mp en cada uno de los 40 mp [40].
A continuación, tejan rayas rojo óxido a ambos lados del cuerpo. Deben quedar alineadas con las que se hicieron al costado de la cabeza. De no coincidir, tejan o destejan algunos puntos.
43v: (*rosa pastel*) 10 mp, (*rojo óxido*) 10 mp, (*rosa pastel*) 10 mp, (*rojo óxido*) 10 mp [40].
44v-45v: (*rosa pastel*) 1 mp en cada uno de los 40 p [40].
46v: (*rosa pastel*) 10 mp, (*rojo óxido*) 10 mp, (*rosa pastel*) 10 mp, (*rojo óxido*) 10 mp [40].

PATAS

Dividan el tejido marcando 4 puntos para el espacio central delantero entre las patas, 4 puntos para el espacio trasero y 16 puntos para cada extremidad (acá es muy útil el marcador de puntos). Si las patas no quedaran bien alineadas con la cabeza, tejan o destejan algunos mp para llegar a la posición deseada. Unan con 1 mp el último punto para la pata en la parte trasera con el 1.er punto en la parte delantera (este punto contará como el 1.er mp de la 1.a vuelta). Así, los puntos para la primera pata estarán unidos para seguir tejiendo en vueltas. Continúen tejiendo:
47v-48v: (*rosa pastel*) 1 mp en cada uno de los 16 mp [16].
A continuación, tejerán la última raya en rojo óxido. Esta raya debe quedar alineada con las anteriores. De no coincidir, tejer o destejer algunos puntos.
49v: (*rosa pastel*) 2 mp, (*rojo óxido*) 10 mp, (*rosa pastel*) 4 mp [16].
Continúen en rosa pastel.
50v-72v: 1 mp en cada uno de los 16 mp [16].
Rellenen firmemente el torso y la primera pata.
73v: (2 mp, 1 dism) repitan 4 veces [12].
74v: 6 dism [6].
Corten dejando una hebra larga para cerrar los últimos 6 puntos. Con la aguja de tapicería, pasen por el medio de cada punto y ajusten hasta cerrar el agujero. Rematen.

Segunda pata
Con rosa pastel, retomen en el 5.° punto sin tejer de la espalda en la vuelta 46, dejando una hebra de inicio larga para luego cerrar la entrepierna. Desde este punto, comiencen a tejer la segunda pata.
47v: 1 mp en cada uno de los 16 mp. Al llegar al punto 16, unan con 1 mp al 1.er punto de la vuelta (el que se hizo al retomar el tejido) [16].
48v-74v: Repitan el patrón de la primera pata. Terminen de rellenar el cuerpo y la segunda pata. Con una aguja de tapicería, cierren la separación entre las patas cosiendo los 4 puntos centrales con la hebra larga que dejaron al retomar el tejido.

BRAZOS

(hagan 2, comiencen con rosa pastel)
1v: Tejan un anillo de 6 mp [6].
2v: 1 aum en cada uno de los 6 mp [12].
3v-4v: 1 mp en cada uno de los 12 mp [12].
5v: 1 mp, 1 p mota, 10 mp [12].
6v-17v: 1 mp en cada uno de los 12 mp [12].
Cambien a gris verdoso.
18v-20v: 1 mp en cada uno de los 12 mp [12].
21v: (1 mp, 1 dism) repitan 4 veces [8].
Corten dejando una hebra larga para coser.
Rellenen. Cósanlos entre las vueltas 31 y 32.

OREJAS

(hagan 2, comiencen con negro)
1v: Tejan un anillo de 6 mp [6].
2v: 1 aum en cada uno de los 6 mp [12].
A partir de la siguiente vuelta, tejan alternando colores (rosa pastel y crudo). El color con el que se trabaja se indica antes entre paréntesis.
3v: (*rosa pastel*) (1 mp, 1 aum) repitan 4 veces, (*crudo*) (1 mp, 1 aum) repitan 2 veces [18].
4v-7v: (*rosa pastel*) 12 mp, (*crudo*) 6 mp [18].
Corten dejando una hebra larga para coser.
No las rellenen.
Aplánenlas y cósanlas a la cabeza.

FALDA

(con 2 hebras de hilo fino, *fingering*, en verde azulado)
Tejan 40 cad. Asegúrense de que la cadena no esté torcida y unan ambos extremos con 1 p enano. Continúen trabajando en espiral.
1v: 1 pmv en cada uno de los 40 p [40].
2v: (4 pmv, 1 aum) repitan 8 veces [48].
3v: (5 pmv, 1 aum) repitan 8 veces [56].
4v: (6 pmv, 1 aum) repitan 8 veces [64].
5v: (7 pmv, 1 aum) repitan 8 veces [72].
6v: (8 pmv, 1 aum) repitan 8 veces [80].
7v: (9 pmv, 1 aum) repitan 8 veces [88].
8v: (10 pmv, 1 aum) repitan 8 veces [96].
9v: (11 pmv, 1 aum) repitan 8 veces [104].
10v: (12 pmv, 1 aum) repitan 8 veces [112].
11v: 1 pmv en cada uno de los 112 pmv [112].
12v: 1 p enano en cada uno de los 112 pmv [112].
Corten la hebra y rematen.

Cintura de la falda

(con 2 hebras de hilo fino, *fingering*, en verde azulado)
Retomen en el 1.er punto de la vuelta 1.
1v-3v: 1 mp en cada uno de los 40 mp [40].
Corten la hebra y rematen.

COLA

(comiencen con rojo óxido)
1v: Tejan un anillo de 5 mp [5].
2v: 1 aum en cada uno de los 5 mp [10].
3v-5v: 1 mp en cada uno de los 10 mp [10].
Cambien a rosa pastel y continúen con un patrón a rayas alternando 3 vueltas en rosa pastel con 2 vueltas en rojo óxido. Rellenen un poco y continúen rellenando a medida que tejan.
6v-43v: 1 mp en cada uno de los 10 mp [10].
Corten dejando una hebra larga para coser. Si es necesario, agreguen más relleno. Cosan la cola en la parte de atrás, centrada alrededor de la vuelta 43.

BUFANDA/CUELLO

(comiencen con amarillo, con aguja de crochet de 3,25 mm)
Tejan 50 cad. Asegúrense de que la cadena no esté torcida y unan ambos extremos con 1 p enano. Continúen trabajando en espiral.
1v: 1 mp en cada uno de los 50 p [50].
2v: (1 mp tomando solo la hebra trasera, 1 p espiga en el punto de la vuelta anterior) repitan hasta el final de la vuelta [50].
Cambien a color crudo.
3v: (1 p espiga en el punto de la vuelta anterior, 1 mp tomando solo la hebra trasera) repitan hasta el final de la vuelta [50].
Cambien a color amarillo.
4v: (1 mp tomando solo la hebra trasera, 1 p espiga en el punto de la vuelta anterior) repitan hasta el final de la vuelta [50].
5v: (1 p espiga en el punto de la vuelta anterior, 1 mp tomando solo la hebra trasera) repitan hasta el final de la vuelta [50].
Cambien a color crudo.
6v-11v: repitan las vueltas 3 a 5 dos veces más.
Corten la hebra y rematen.

Sebastian León

Guionista y titiritero, Bastian supo exactamente lo que quería ser desde el día que vio por primera vez The Dark Crystal. No podía creer lo que veían sus ojos, todo el trabajo detrás de escena, todos los meses (incluso años) necesarios para crear ese fantástico mundo animado solo usando muñecos y cuerdas (y muchos otros mecanismos supercomplejos, pero eso es algo que aprendería más tarde). Ese día comenzó a construir su primer títere. Afortunadamente, su amigo James Pato (que acaba de empezar a coleccionar antigüedades) le dio a Bastian todos los materiales necesarios para armar los escenarios y la utilería. Con el tiempo, logró armar una pequeña compañía de títeres y, después de haber trabajado en varias películas y series animadas, ahora se centra cada día en sus habilidades como escritor para aventurarse como guionista de su propia película.

NIVEL: ***

Tamaño: 28 cm

Materiales:
– Hilo de algodón mediano (*worsted*) en:
· ocre
· marrón (**Nota:** *la melena requiere la misma cantidad de hilado que el cuerpo*).
· crudo
· azul petróleo
· rosa pastel
· negro
– Aguja de crochet de 2,75 mm
– Ojos plásticos de seguridad de 8 mm
– Vellón siliconado

Conocimientos necesarios:
anillo mágico (página 32), cambiar color al inicio de vuelta (página 35), tejer en hileras, dividir el cuerpo en dos partes (página 47), bordar (página 38), unir partes (página 39).

HOCICO

(comiencen con negro)
1v: Tejan un anillo de 6 mp [6].
2v: 1 aum en cada uno de los 6 mp [12].
3v: 1 mp en cada uno de los 12 mp [12].
Cambien a color ocre.
4v: (3 mp, 1 aum) repitan 3 veces [15].
5v-21v: 1 mp en cada uno de los 15 mp [15].
Corten dejando una hebra larga para coser.
No rellenen el hocico. Aplánenlo. Borden líneas cortas en marrón en la parte superior de la nariz.

CABEZA

(comiencen con crudo)
1v: Tejan un anillo de 6 mp [6].
2v: 1 aum en cada uno de los 6 mp [12].
3v: (1 mp, 1 aum) repitan 6 veces [18].
4v: (2 mp, 1 aum) repitan 6 veces [24].
5v: (3 mp, 1 aum) repitan 6 veces [30].
6v: 1 mp en cada uno de los 30 mp [30].
Cambien a color ocre.
7v-8v: 1 mp en cada uno de los 30 mp [30].
9v: 14 mp, 2 aum, 14 mp [32].
10v-11v: 1 mp en cada uno de los 32 mp [32].
12v: (7 mp, 1 aum) repitan 4 veces [36].

13v-15v: 1 mp en cada uno de los 36 mp [36].
16v: (8 mp, 1 aum) repitan 4 veces [40].
17v-19v: 1 mp en cada uno de los 40 mp [40].
20v: (9 mp, 1 aum) repitan 4 veces [44].
21v-22v: 1 mp en cada uno de los 44 mp [44].
Cambien a color marrón. A continuación, tejerán la base para la melena del león.
Nota: La base de la melena está tejida insertando la aguja por debajo de ambas hebras (como todo el muñeco), pero pueden tejerla tomando solo la hebra trasera para que les resulte más sencillo.
23v: 7 mp, 1 aum, (5 mp, 1 aum) repitan 5 veces, 6 mp [50].
24v: 1 mp en cada uno de los 50 mp [50].
25v: 8 mp, 1 aum, (6 mp, 1 aum) repitan 5 veces, 6 mp [56].
26v: 9 mp, 1 aum, (7 mp, 1 aum) repitan 5 veces, 6 mp [62].
Cosan el hocico entre las vueltas 2 y 22, del lado opuesto al inicio de vueltas. Para centrar la nariz en la cabeza, tomen en cuenta los aumentos.
Con negro, borden la boca. Coloquen los ojos de seguridad entre las vueltas 19 y 20, a 3 mp del hocico. Con rosa pastel, borden los cachetes bajo los ojos.
27v: 19 mp, 1 aum, (8 mp, 1 aum) repitan 3 veces, 15 mp [66].
28v-30v: 1 mp en cada uno de los 66 mp [66]
31v: (9 mp, 1 dism) repitan 6 veces [60].
32v: (8 mp, 1 dism) repitan 6 veces [54].
33v: (7 mp, 1 dism) repitan 6 veces [48].
34v: (6 mp, 1 dism) repitan 6 veces [42].
35v: (5 mp, 1 dism) repitan 6 veces [36].
36v: (4 mp, 1 dism) repitan 6 veces [30].
Rellenen la cabeza firmemente.
37v: (3 mp, 1 dism) repitan 6 veces [24].
38v: (2 mp, 1 dism) repitan 6 veces [18].
39v: (1 mp, 1 dism) repitan 6 veces [12].
40v: 6 dism [6].
Corten dejando una hebra larga para cerrar los últimos 6 puntos. Con la aguja de tapicería, pasen por el medio de cada punto y ajusten hasta cerrar el agujero. Rematen.

CUERPO

(comiencen con ocre)
Al comenzar la cadena, dejen una hebra larga para coser el cuerpo a la cabeza. Tejan 24 cad. Asegúrense de que la cadena no esté torcida y unan ambos extremos con 1 p enano. Continúen trabajando en espiral.
1v-2v: 1 mp en cada uno de los 24 p [24].
Cambien a azul petróleo.
3v: (3 mp, 1 aum) repitan 6 veces [30].
4v-6v: 1 mp en cada uno de los 30 mp [30].
7v: (4 mp, 1 aum) repitan 6 veces [36].
8v-10v: 1 mp en cada uno de los 36 mp [36].
11v: (8 mp, 1 aum) repitan 4 veces [40].
12v-13v: 1 mp en cada uno de los 40 mp [40].
Cambien a color ocre.
14v: Tejan tomando solo la hebra trasera, 1 mp en cada uno de los 40 mp [40].
15v-20v: 1 mp en cada uno de los 40 mp [40].

PATAS

Dividan el tejido marcando 2 puntos para el espacio central delantero entre las patas, 2 puntos para el espacio trasero y 18 puntos para cada extremidad (acá es muy útil el marcador de puntos). Unan con 1 mp el último punto para la pata en la parte trasera con el 1.er punto en la parte delantera (este punto contará como el 1.er mp de la 1.ª vuelta). Así, los puntos para la primera pata estarán unidos para seguir tejiendo en vueltas. Continúen tejiendo:
21v-46v: 1 mp en cada uno de los 18 mp [18].
Rellenen firmemente el torso y la primera pata.
47v: (1 mp, 1 dism) repitan 6 veces [12].
48v: 6 dism [6].
Corten dejando una hebra larga para cerrar los últimos 6 puntos. Con la aguja de tapicería, pasen por el medio de cada punto y ajusten hasta cerrar el agujero. Rematen.

Segunda pata
Con ocre, retomen en el 3.er punto sin tejer de la espalda en la vuelta 20, dejando una hebra de inicio larga para luego cerrar la entrepierna. Desde este punto, comiencen a tejer la segunda pata.

21v: 1 mp en cada uno de los 18 mp. Al llegar al punto 18, unan con 1 mp al 1.er punto de la vuelta (el que se hizo al retomar el tejido) [18].

22v-48v: Repitan el patrón de la primera pata.

Terminen de rellenar el cuerpo y la segunda pata. Con una aguja de tapicería, cierren la separación entre las patas cosiendo los 2 puntos centrales con la hebra larga que dejaron al retomar el tejido.

Si es necesario, agreguen más relleno a la base del cuello, ya que la cabeza tiene que quedar bien cosida y firme para sostener toda la melena.

OREJAS

(hagan 2 con ocre)
1v: Tejan un anillo de 6 mp [6].
2v: 1 aum en cada uno de los 6 mp [12].
3v-5v: 1 mp en cada uno de los 12 mp [12].
Corten dejando una hebra larga para coser. No las rellenen. Aplánenlas y cósanlas a la cabeza entre las vueltas 25 y 26.

MELENA

(con marrón)
Inserten la aguja de crochet al costado de la cabeza en la 1.ª vuelta de color marrón. Tejan 8 cad. Unan con 1 p enano al punto siguiente en la cabeza. Inserten la aguja en el punto siguiente, tejan 8 cad, unan con 1 p enano al punto siguiente. Continúen tejiendo estos bucles en todos los puntos de la 1.ª vuelta de la melena. A continuación, tejan bucles de 10 cad en las vueltas restantes. En el área del cuello, tejan bucles de 12 cad.
Corten la hebra y rematen.

BRAZOS

(hagan 2, comiencen con ocre)
1v: Tejan un anillo de 6 mp [6].
2v: 1 aum en cada uno de los 6 mp [12].
3v-4v: 1 mp en cada uno de los 12 mp [12].
5v: 1 mp, 1 p mota, 10 mp [12].
6v-18v: 1 mp en cada uno de los 12 mp [12].
Cambien a color azul petróleo
19v-21v: 1 mp en cada uno de los 12 mp [12].
22v: (1 mp, 1 dism) repitan 4 veces [8].
Corten dejando una hebra larga para coser.
Rellenen. Cósanlos entre las vueltas 3 y 4 del cuerpo.

COLA

(con ocre)
1v: Tejan un anillo de 8 mp [8].
Rellenen a medida que tejan.
2v-40v: 1 mp en cada uno de los 8 mp [8].
Corten dejando una hebra larga para coser.
Si es necesario, agreguen más relleno.
Cosan la cola en la parte de atrás, centrada alrededor de la vuelta 15.

SHORTS

(comiencen con azul petróleo)
Tejan 44 cad. Asegúrense de que la cadena no esté torcida y unan ambos extremos con 1 p enano. Continúen trabajando en espiral, con un patrón a rayas, alternando una vuelta en azul petróleo con una vuelta en blanco.
1v-4v: 1 mp en cada uno de los 44 p [44].
5v: 37 mp, 5 cad, saltar 5 p, 2 mp [44].
6v: 1 mp en cada uno de los 44 mp [44].
7v: (10 mp, 1 aum) repitan 4 veces [48].
8v-10v: 1 mp en cada uno de los 48 mp [48].
11v: (11 mp, 1 aum) repitan 4 veces [52].
12v-13v: 1 mp en cada uno de los 52 mp [52].

PATAS DEL *SHORT*

Dividan el tejido marcando 2 puntos para el espacio central delantero entre las patas, 2 puntos para el espacio trasero y 24 puntos para cada extremidad (acá es muy útil el marcador de puntos). Unan con 1 mp el último punto para la pata en la parte trasera con el 1.er punto en la parte delantera (este punto contará como el 1.er mp de la 1.ª vuelta). Así, los puntos para la primera pata estarán unidos para seguir tejiendo en vueltas. Continúen tejiendo:
14v-20v: 1 mp en cada uno de los 24 mp [24].
21v: 1 p enano en cada uno de los 24 mp [24].
Corten la hebra y rematen.

Segunda pata del *short*
Con blanco, retomen en el 3.er punto sin tejer de la espalda en la vuelta 13, dejando una hebra de inicio larga para luego cerrar la entrepierna. Desde este punto, comiencen a tejer la segunda pata del short.
14v: 1 mp en cada uno de los 24 mp. Al llegar al punto 24, unan con 1 mp al 1.er punto de la vuelta (el que se hizo al retomar el tejido) [24].
15v-21v: Repitan el patrón de la primera pata del *short*.

Con una aguja de tapicería, cierren la separación entre las patas cosiendo los 2 puntos centrales con la hebra larga que dejaron al retomar el tejido. Rematen.

CINTURA DEL SHORT (comiencen con blanco)
Retomen en el 1.er punto de la vuelta 1.
1v: 1 mp en cada uno de los 44 p [44].
Cambien a rosa pastel.
2v: 1 mp en cada uno de los 44 mp [44].
3v: 1 p enano en cada uno de los 44 mp [44].
Corten la hebra y rematen.

BUFANDA

(con rosa pastel)
Tejan 110 cad. Tejan pmv en hileras, ida y vuelta.
1h: Comiencen en el 3.er punto desde la aguja, 1 pmv en cada uno de los 108 p, 2 cad y giren [108].
2h-3h: Tejan tomando solo la hebra trasera, 1 pmv en cada uno de los 108 pmv, 2 cad y giren [108].
4h: Tejan tomando solo la hebra trasera, 1 pmv en cada uno de los 108 pmv [108].
Corten la hebra y rematen.

Thomás Aguará Guazú

Tomás nació en algún lugar entre Argentina, Paraguay y Brasil. No sabe exactamente dónde, y la verdad es que tampoco le interesa. Tomás cree con mucha firmeza que las fronteras son un tanto ridículas y que ya deberíamos haber dejado de usar ese concepto hace mucho tiempo. Y justo por eso investiga toda la vida e interacciones que existen en las regiones fronterizas. Se toma su trabajo muy en serio, pero eso no significa que no sea un tipo divertido. A Tomás le encanta participar de una buena fiesta y no pierde la oportunidad de usar su magnífico moño, regalo de su querido amigo Daniel Jack Russell. También tiene previsto viajar a las Islas Galápagos, donde se encontrará con Newton Lechuza y Darwin Tortuga para comenzar un documental sobre los profundos vínculos que unen todas las cosas en este mundo.

NIVEL: **

Tamaño: 28 cm (de pie, orejas incluidas)

Materiales:
– Hilo de algodón mediano (*worsted*) en:
  · terracota
  · crudo
  · negro
  · rosa pastel
  · celeste agua
  · gris grafito
– Aguja de crochet de 2,75 mm
– Ojos plásticos de seguridad de 10 mm
– Vellón siliconado

Conocimientos necesarios:
anillo mágico (página 32), tejer a ambos lados de la cadena base (página 34), cambiar color al inicio de vuelta (página 35), tejer en hileras, tejer Jacquard siguiendo un diagrama (página 36), dividir el cuerpo en 4 partes (página 158), bordar (página 38), unir partes (página 39).

Nota: La cabeza y el cuerpo están tejidos en una sola pieza.

CACHETES

(hagan 2 en rosa pastel)
1v: Tejan un anillo de 6 mp [6].
Corten dejando una hebra larga para coser.

HOCICO

(comiencen con negro)
1v: Tejan un anillo de 6 mp [6].
2v: 1 aum en cada uno de los 6 mp [12].
3v-6v: 1 mp en cada uno de los 12 mp [12].
Cambien a color crudo.
7v: (1 mp, 1 aum) repitan 6 veces [18].
8v-9v: 1 mp en cada uno de los 18 mp [18].
A partir de la siguiente vuelta, tejan alternando colores (crudo y terracota). El color con el que se trabaja se indica antes entre paréntesis.
10v: (*crudo*) 6 mp (*terracota*) 2 mp, 2 aum, 2 mp, (*crudo*) 6 mp [20].
11v: (*crudo*) 6 mp (*terracota*), 8 mp, (*crudo*) 6 mp [20].
12v: (*crudo*) 6 mp (*terracota*), 2 mp, 4 aum, 2 mp, (*crudo*) 6 mp [24].
13v: (*crudo*) 6 mp (*terracota*), 12 mp, (*crudo*) 6 mp [24].
Corten dejando una hebra larga para coser. Con negro, borden la boca. Rellenen.

CABEZA Y CUERPO

(comiencen con terracota)
1v: Tejan un anillo de 6 mp [6].
2v: 1 aum en cada uno de los 6 mp [12].
3v: (1 mp, 1 aum) repitan 6 veces [18].
4v: (2 mp, 1 aum) repitan 6 veces [24].
5v: (3 mp, 1 aum) repitan 6 veces [30].
6v: (4 mp, 1 aum) repitan 6 veces [36].
7v: (5 mp, 1 aum) repitan 6 veces [42].
8v: (6 mp, 1 aum) repitan 6 veces [48].
9v: (7 mp, 1 aum) repitan 6 veces [54].
10v: (8 mp, 1 aum) repitan 6 veces [60].
11v-18v: 1 mp en cada uno de los 60 mp [60].
Cambien a color crudo.
19v: (3 mp, 1 aum) repitan 15 veces [75].
20v-22v: 1 mp en cada uno de los 75 mp [75].

PATAS

Dividan el tejido para hacer las 4 patas de la siguiente manera:

Primera pata trasera
Primero, ubiquen el punto central en la parte trasera del cuerpo (donde estará la cola). De no encontrarse en ese lugar del trabajo, tejan o destejan hasta llegar a ese punto.
Luego, tejan 2 mp. Coloquen un marcador de puntos en el siguiente punto. Tejan 11 mp, 7 cad. Unan la última cadena y el punto con el marcador haciendo 1 mp (o un p enano).
De esta forma, la pata estará formada por 11 mp en el cuerpo y 7 p cad. Continúen trabajando la primera pata trasera:
1v: 1 mp en cada uno de los 18 mp (11 mp en el cuerpo y 7 mp en la cad) [18].
2v-6v: 1 mp en cada uno de los 18 mp [18].
Cambien a color negro.
7v: Tejan tomando solo la hebra trasera, (4 mp, 1 dism) repitan 3 veces [15].
8v-10v: 1 mp en cada uno de los 15 mp [15].
11v: (3 mp, 1 dism) repitan 3 veces [12].
12v-15v: 1 mp en cada uno de los 12 mp [12].
16v: 6 dism.
Corten dejando una hebra larga para cerrar los últimos 6 puntos. Con la aguja de tapicería, pasen por el medio de cada punto y ajusten hasta cerrar el agujero. Rematen.

23v: (3 mp, 1 dism) repitan 15 veces [60].
24v: (3 mp, 1 dism) repitan 12 veces [48].
25v: (2 mp, 1 dism) repitan 12 veces [36].
Cosan el hocico entre las hileras 15 y 22, del lado opuesto al inicio de las vueltas. Coloquen los ojos de seguridad entre las hileras 17 y 18, a 3 mp del hocico. Cosan los cachetes bajo los ojos.
26v: (4 mp, 1 dism) repitan 6 veces [30].
27v: (3 mp, 1 dism) repitan 6 veces [24].
28v: (4 mp, 1 dism) repitan 4 veces [20].
Rellenen la cabeza. Cambien a color terracota.
29v: 1 mp en cada uno de los 20 mp [20].
30v: (4 mp, 1 aum) repitan 4 veces [24].
31v: Ubiquen el lado opuesto del hocico. Tejan 15 cad. Como esta cadena base es la columna del muñeco, es importante que quede justo a la mitad de la espalda. Hagan o deshagan puntos si es necesario. Coloquen el marcador de puntos en el 1.er punto a continuación, ya que este será el nuevo inicio de vueltas. Tejan sobre la cadena, 1 aum, 13 mp, 1 mp sobre el mp donde inicia la cad base. Continúen sobre el cuello, 24 mp, y luego sobre el otro lado de la cadena, 14 mp [54].
32v: 2 aum, 24 mp, 1 aum, 1 mp, 1 aum, 24 mp, 1 aum [59].
33v: (1 mp, 1 aum) repitan 2 veces, 54 mp, 1 aum [62].
34v: (2 mp, 1 aum) repitan 2 veces, 55 mp, 1 aum [65].
35v: 2 mp, 1 aum, 3 mp, 1 aum, 26 mp, 1 aum, 2 mp, 1 aum, 26 mp, 1 aum, 1 mp [70].
36v-45v: 1 mp en cada uno de los 70 mp [70].

157

Primera pata delantera

Cuenten 9 puntos desde la primera pata trasera, hacia la izquierda (la separación entre las patas traseras y delanteras será la panza). Con color terracota, retomen el tejido en el punto 10.
Tejan 11 mp, 7 cad. Unan la última cad y el punto donde se encuentra el marcador haciendo 1 mp (o un p enano).
1v-16v: Repitan el patrón de la primera pata trasera.

Segunda pata delantera

Cuenten 4 puntos desde la primera pata delantera, hacia la izquierda (la separación entre las patas delanteras). Con color terracota, retomen el tejido en el punto 5.
Tejan 11 mp, 7 cad. Unan la última cad y el punto donde se encuentra el marcador haciendo 1 mp (o un p enano).
1v-16v: Repitan el patrón de la primera pata trasera.

Segunda pata trasera

Cuenten 9 puntos desde la segunda pata delantera, hacia la izquierda (el otro lado de la panza). Con color terracota, retomen el tejido en el punto 10.
Tejan 11 mp, 7 cad. Unan la última cad y el punto donde se encuentra el marcador haciendo 1 mp (o un p enano).
1v-16v: Repitan el patrón de la primera pata trasera.

Panza

La panza se hace tejiendo una solapa pequeña en cada uno de los 2 espacios de 4 puntos entre las patas traseras y delanteras y una solapa grande en el espacio de 9 puntos a los costados.
Comiencen por el espacio de 9 puntos. Con color terracota, retomen en el 1.er punto siguiente a la primera pata trasera (la primera pata que hicieron). Tejan en hileras, ida y vuelta.
1v-12v: 1 mp en cada uno de los 9 mp, 1 cad y giren [9]. Corten dejando una hebra larga para coser.

Solapa entre las patas

Para la solapa posterior, con color terracota retomen en el 1.er punto siguiente a la segunda pata trasera. Tejan en hileras, ida y vuelta.
1v-4v: 1 mp en cada uno de los 4 mp, 1 cad y giren [4]. Corten dejando una hebra larga para coser.
Trabajen la solapa frontal de la misma manera.

Armado del cuerpo
Usando la aguja de tapicería, cosan la solapa frontal a ambas patas delanteras y la solapa posterior a ambas patas traseras.
Rellenen firmemente las 4 patas.
Cosan el lado más ancho de la solapa de la panza, punto por punto, al otro lado del cuerpo. Luego, cosan la solapa de la panza a las patas y las solapas entre ellas, rellenando el cuerpo a medida que cosan.

OREJAS

(hagan 2, comiencen con negro)
1v: Tejan un anillo de 6 mp [6].
2v: 1 mp en cada uno de los 6 mp [6].
3v: (1 mp, 1 aum) repitan 3 veces [9].
4v: 1 mp en cada uno de los 9 mp [9].
5v: (2 mp, 1 aum) repitan 3 veces [12].
Cambien a color terracota.
6v: 1 mp en cada uno de los 12 mp [12].
7v: (3 mp, 1 aum) repitan 3 veces [15].
8v: 1 mp en cada uno de los 15 mp [15].
9v: (4 mp, 1 aum) repitan 3 veces [18].
10v: 1 mp en cada uno de los 18 mp [18].
11v: (5 mp, 1 aum) repitan 3 veces [21].
12v-15v: 1 mp en cada uno de los 21 mp [21].
Corten dejando una hebra larga para coser.
Con crudo, borden líneas en el interior. No las rellenen y aplánenlas antes de coserlas a la cabeza.

COLA

(comiencen con crudo)
1v: Tejan un anillo de 6 mp [6].
2v: 1 aum en cada uno de los 6 mp [12].
3v: (1 mp, 1 aum) repitan 6 veces [18].
4v: (2 mp, 1 aum) repitan 6 veces [24].
5v: 1 mp en cada uno de los 24 mp [24].
6v: (3 mp, 1 aum) repitan 6 veces [30].
7v: 1 mp en cada uno de los 30 mp [30].
8v: (4 mp, 1 aum) repitan 6 veces [36].
9v-11v: 1 mp en cada uno de los 36 mp [36].
Cambien a color terracota.
12v-16v: 1 mp en cada uno de los 36 mp [36].
17v: (7 mp, 1 dism) repitan 4 veces [32].
18v-19v: 1 mp en cada uno de los 32 mp [32].
20v: (6 mp, 1 dism) repitan 4 veces [28].
21v-22v: 1 mp en cada uno de los 28 mp [28].
23v: (5 mp, 1 dism) repitan 4 veces [24].

24v-25v: 1 mp en cada uno de los 24 mp [24].
26v: (4 mp, 1 dism) repitan 4 veces [20].
27v-28v: 1 mp en cada uno de los 20 mp [20].
29v: (3 mp, 1 dism) repitan 4 veces [16].
30v-31v: 1 mp en cada uno de los 16 mp [16].
32v: (2 mp, 1 dism) repitan 4 veces [12].
33v-34v: 1 mp en cada uno de los 12 mp [12].
Corten dejando una hebra larga para coser. Rellenen la cola. Cósanla en la parte de atrás, centrada entre las vueltas 32 y 33.

CORBATA DE MOÑO

(comiencen con gris grafito)
Tejan 40 cad. Asegúrense de que la cadena no esté torcida y unan ambos extremos con 1 p enano. Continúen trabajando en espiral con un patrón Jacquard, alternando gris grafito con celeste agua (vean diagrama).
1v-13v: 1 mp en cada uno de los 40 p [40].
Corten la hebra y rematen.

Cinta del centro
(en gris grafito)
Tejan 17 cad. No las unan.
1h: Comiencen en el 2.° p cad desde la aguja, 1 mp en cada uno de los 16 mp [16].
Corten dejando una hebra larga para coser. Cosan la cinta del centro en el medio del moño. Cosan el moño al cuello.

Ada Corderita

Ada se crio con su abuela italiana, una amante de la ópera. Aunque Ada no entendía cómo alguien podía ser fanático de una persona que cantara tan alto, se terminó enamorando de la música y la ópera cuando su abuela le mostró los dibujos animados que solía ver en su infancia, Sinfonías Tontas. Y bueno, el resto es historia... Ada no solo se ha convertido en la cordero directora de orquesta más joven del mundo, sino que también es una soprano asombrosamente talentosa que ha arrasado en todas las salas de concierto con su energía y pasión.
Al menos una vez al año, viaja a Italia para disfrutar de su actividad favorita en todo el mundo: sentarse y ver dibujitos animados mientras saborea un aperitivo con su abuela.

NIVEL: **

Tamaño: 20 cm
(de pie, orejas incluidas)

Materiales:
– Hilo de algodón mediano (*worsted*) en:
· crudo
· rosa pastel
· negro
– Hilo de algodón fino (*fingering*) en:
· crudo
· rosa pastel
· verde
– Aguja de crochet de 2,75 mm
– Aguja de crochet de 3,25 mm
– Ojos plásticos de seguridad de 10 mm
– Vellón siliconado

Conocimientos necesarios:
anillo mágico (página 32), tejer a ambos lados de la cadena base (página 34), cambiar color al inicio de vuelta (página 35), tejer en hileras, dividir el cuerpo en 4 partes (página 158), bordar (página 38), unir partes (página 39), tapestry (página 36).

CABEZA

(con crudo)
1v: Tejan un anillo de 6 mp [6].
2v: 1 aum en cada uno de los 6 mp [12].
3v: (1 mp, 1 aum) repitan 6 veces [18].
4v: (2 mp, 1 aum) repitan 6 veces [24].
5v: 1 mp en cada uno de los 24 mp [24].
6v: (5 mp, 1 aum) repitan 4 veces [28].
7v: 1 mp en cada uno de los 28 mp [28].
8v: (6 mp, 1 aum) repitan 4 veces [32].
9v: 1 mp en cada uno de los 32 mp [32].
10v: (7 mp, 1 aum) repitan 4 veces [36].
11v: 1 mp en cada uno de los 36 mp [36].
12v: (8 mp, 1 aum) repitan 4 veces [40].
13v: 1 mp en cada uno de los 40 mp [40].
14v: (9 mp, 1 aum) repitan 4 veces [44].
15v-20v: 1 mp en cada uno de los 44 mp [44].
Con negro, borden la nariz y la boca. Coloquen los ojos de seguridad entre las vueltas 14 y 15, con un espacio de 18 puntos entre sí. Con rosa pastel, borden los cachetes.

21v: (9 mp, 1 dism) repitan 4 veces [40].
22v: 1 mp en cada uno de los 40 mp [40].
23v: (8 mp, 1 dism) repitan 4 veces [36].
24v: (4 mp, 1 dism) repitan 6 veces [30].
25v: (3 mp, 1 dism) repitan 6 veces [24].
Rellenen la cabeza.
26v: (2 mp, 1 dism) repitan 6 veces [18].
27v: (1 mp, 1 dism) repitan 6 veces [12].
28v: 6 dism [6].
Corten dejando una hebra larga para cerrar los últimos 6 puntos. Con la aguja de tapicería, pasen por el medio de cada punto y ajusten hasta cerrar el agujero. Rematen.

CUERPO

(con crudo)

Al comenzar la cadena, dejen una hebra larga para coser el cuerpo a la cabeza. Tejan 18 cad. Asegúrense de que la cadena no esté torcida y unan ambos extremos con 1 p enano. Continúen trabajando en espiral.

1v-2v: 1 mp en cada uno de los 18 p [18].
3v: 8 mp, 2 aum, 8 mp [20].
4v: 1 mp en cada uno de los 20 mp [20].
5v: Tejan 15 cad. Coloquen el marcador de puntos en el 1.er punto a continuación, ya que será el nuevo inicio de vueltas a partir de ahora. Insertando la aguja en el 2.º p desde la aguja, tejan sobre la cadena, 1 aum, 13 mp, 1 mp sobre el mp donde inicia la cad base. Continúen sobre el cuello, 20 mp y sigan del otro lado de la cadena, 13 mp, 1 aum [51].
6v: 1 mp, 1 aum, 22 mp, 1 aum, 1 mp, 1 aum, 23 mp, 1 aum [55].
7v: 1 aum, 1 mp, 1 aum, 50 mp, 1 aum, 1 mp [58].
8v: 1 mp, 1 aum, 2 mp, 1 aum, 23 mp, 1 aum, 2 mp, 1 aum, 24 mp, 1 aum, 1 mp [63].
9v: 1 mp, 1 aum, 3 mp, 1 aum, 54 mp, 1 aum, 2 mp [66].
10v-18v: 1 mp en cada uno de los 66 mp [66].

PATAS

Dividan el tejido para hacer las 4 patas de la siguiente manera:

Primera pata trasera

Primero, ubiquen el punto central en la parte trasera del cuerpo (donde estará la cola). De no encontrarse en ese lugar del trabajo, tejan o destejan hasta llegar a ese punto.

Luego, tejan 2 mp. Coloquen un marcador de puntos en el siguiente punto. Tejan 10 mp, 8 cad. Unan la última cadena y el punto con el marcador haciendo 1 mp (o un p enano).

De esta forma, la pata estará formada por 10 mp en el cuerpo y 8 p cad. Continúen trabajando la primera pata trasera:

1v: 1 mp en cada uno de los 18 p (10 mp en el cuerpo y 8 mp en la cad) [18].
2v-3v: 1 mp en cada uno de los 18 mp [18].
4v: 16 mp, 1 dism [17].
5v: 1 mp en cada uno de los 17 mp [17].
6v: 15 mp, 1 dism [16].
7v: 1 mp en cada uno de los 16 mp [16].
8v: 14 mp, 1 dism [15].
9v-10v: 1 mp en cada uno de los 15 mp [15].
11v: (1 mp, 1 dism) repitan 5 veces [10].
12v: 5 dism [5].

Corten dejando una hebra larga para cerrar los últimos 5 puntos. Con la aguja de tapicería, pasen por el medio de cada punto y ajusten hasta cerrar el agujero. Rematen.

Primera pata delantera

Cuenten 9 puntos desde la primera pata trasera, hacia la izquierda (la separación entre las patas traseras y delanteras será la panza). Con color crudo, retomen el tejido en el punto 10.

Tejan 10 mp, 8 cad. Unan la última cad y el punto donde se encuentra el marcador haciendo 1 mp (o un p enano).

1v-12v: Repitan el patrón de la primera pata trasera.

Segunda pata delantera

Cuenten 4 puntos desde la primera pata delantera, hacia la izquierda (la separación entre las patas delanteras). Con color crudo, retomen el tejido en el punto 5.

Tejan 10 mp, 8 cad. Unan la última cad y el punto donde se encuentra el marcador haciendo 1 mp (o un p enano).

1v-12v: Repitan el patrón de la primera pata trasera.

Segunda pata trasera

Cuenten 9 puntos desde la segunda pata delantera, hacia la izquierda (el otro lado de la panza). Con color crudo, retomen el tejido en el punto 10.

Tejan 10 mp, 8 cad. Unan la última cad y el punto donde se encuentra el marcador haciendo 1 mp (o un p enano).

1v-12v: Repitan el patrón de la primera pata trasera.

Panza

La panza se hace tejiendo una solapa pequeña en cada uno de los 2 espacios de 4 puntos entre las patas traseras y delanteras y una solapa grande en el espacio de 9 puntos a los costados.

Comiencen por el espacio de 9 puntos. Con color crudo, retomen en el 1.er punto siguiente a la primera pata trasera (la primera pata que hicieron). Tejan en hileras, ida y vuelta.

1v-12v: 1 mp en cada uno de los 9 mp, 1 cad y giren [9].
Corten dejando una hebra larga para coser.

Solapa entre las patas
Para la solapa posterior, con color crudo retomen en el 1.er punto siguiente a la segunda pata trasera. Tejan en hileras, ida y vuelta.
1v-4v: 1 mp en cada uno de los 4 mp, 1 cad y giren [4].
Corten dejando una hebra larga para coser.
Trabajen la solapa frontal de la misma manera.

Armado del cuerpo
Usando la aguja de tapicería, cosan la solapa frontal a ambas patas delanteras y la solapa posterior a ambas patas traseras.
Rellenen firmemente las 4 patas.
Cosan el lado más ancho de la solapa de la panza, punto por punto, al otro lado del cuerpo. Luego, cosan la solapa de la panza a las patas y las solapas entre ellas, rellenando el cuerpo a medida que cosan.
Si es necesario, y para que quede más firme, agreguen más relleno a la base del cuello antes de coser la cabeza.

OREJAS

(hagan 2, comiencen con crudo)
1v: Tejan un anillo de 6 mp [6].
2v: 1 mp en cada uno de los 6 mp [6].
A partir de la siguiente vuelta, tejan alternando colores (crudo y rosa pastel). El color con el que se trabaja se indica antes entre paréntesis.
3v: (*crudo*) (1 mp, 1 aum) repitan 2 veces, (*rosa pastel*) 1 mp, 1 aum [9].
4v: (*crudo*) (2 mp, 1 aum) repitan 2 veces, (*rosa pastel*) 2 mp, 1 aum [12].
5v: (*crudo*) (3 mp, 1 aum) repitan 2 veces, (*rosa pastel*) 3 mp, 1 aum [15].
6v: (*crudo*) (4 mp, 1 aum) repitan 2 veces, (*rosa pastel*) 4 mp, 1 aum [18].
7v-14v: (*crudo*) 12 mp, (*rosa pastel*) 6 mp [18].
15v: (*crudo*) (4 mp, 1 dism) repitan 2 veces, (*rosa pastel*) 4 mp, 1 dism [15].
16v: (*crudo*) (3 mp, 1 dism) repitan 3 veces [12].
Corten dejando una hebra larga para coser. No las rellenen. Aplánenlas y dóblenlas antes de coserlas en la cabeza.

COLA

(en crudo)
1v: Tejan un anillo de 6 mp [6].
2v-5v: 1 mp en cada uno de los 6 mp [6].
Corten dejando una hebra larga para coser. No rellenen.

CAPA

(con 2 hebras de hilo fino, *fingering* en verde, con aguja de crochet 3,25 mm)
Tejan 33 cad. Tejan en hileras, ida y vuelta.
1h: Comiencen en el 2.º p cad desde la aguja, 32 mp, 2 cad y giren [32].
2h: (7 pmv, 1 aum) repitan 4 veces, 2 cad y giren [36].
3h: (8 pmv, 1 aum) repitan 4 veces, 2 cad y giren [40].
4h: (9 pmv, 1 aum) repitan 4 veces, 2 cad y giren [44].
5h: (10 pmv, 1 aum) repitan 4 veces, 2 cad y giren [48].
6h: (11 pmv, 1 aum) repitan 4 veces, 2 cad y giren [52].
7h: (12 pmv, 1 aum) repitan 4 veces, 2 cad y giren [56].
8h: (13 pmv, 1 aum) repitan 4 veces, 2 cad y giren [60].
9h: (14 pmv, 1 aum) repitan 4 veces, 2 cad y giren [64].
10h: 4 pmv, 10 cad, salten 10 p, 1 pmv, 1 aum, (15 pmv, 1 aum) repitan 2 veces, 2 pmv, 10 cad, salten 10 p, 3 pmv, 1 aum, 2 cad y giren [68].
11h: 1 pmv en cada uno de los 68 pmv, 2 cad y giren [68].
12h: (16 pmv, 1 aum) repitan 4 veces, 2 cad y giren [72].
13h: 1 pmv en cada uno de los 72 pmv [72].
Al finalizar la última hilera, sin girar el tejido, tejan alrededor de 13 mp en uno de los lados de la capa. Luego hagan 21 cad para hacer las cintas de la capa, comiencen en el 2.º p cad desde la aguja, 20 p enano. Continúen sobre el cuello, 32 mp, 21 cad para hacer la segunda cinta, comiencen en el 2.º p cad desde la aguja, 20 p enano, 1 mp sobre el mp donde inicia la cad y otros 13 mp del otro lado de la capa. Terminen con 72 p enano sobre la hilera 13. Corten la hebra y rematen.

CUELLO CON BOLADOS

(con 2 hebras de hilo fino, *fingering*, comenzar con rosa pastel, con aguja de crochet 3,25 mm)
Con rosa pastel, retomen insertando la aguja en el cuello de la capa, de afuera hacia adentro. Tejan en hileras, ida y vuelta.

1h: 1 mp en cada uno de los 32 p, 2 cad y giren [32].
Continúen con un patrón a rayas usando la técnica de *tapestry*, alternando 3 puntos en rosa pastel con 1 punto en crudo.
2h: 1 aum de pmv en cada uno de los 32 pmv, 2 cad y giren [64].
Continúen con un patrón a rayas usando la técnica *tapestry*, alternando 1 punto en crudo con 5 puntos en rosa pastel.
3h: (1 pmv, 1 aum) repitan 32 veces [96].
Corten las hebras y rematen.

Elena Cierva

Elena trabaja como freelance en Tecnología de la Información para Nira Tigresa: programa todos los sistemas que ayudan a su amiga a crear sus ingeniosos tejidos. Cuando no está trabajando en su laboratorio, crea y programa videojuegos, su verdadera pasión. Elena adora los videojuegos porque le permiten ser quien ella quiera, dejando un poco de lado esa idea de la dulce y adorable ciervito que todos esperan que sea. Muchas veces, el trabajo en el laboratorio suele ser muy agotador y estresante, así que, para recuperarse después de tanta exigencia, se permite tomarse un par de meses para "descansar" y seguir trabajando en un nuevo videojuego superemocionante junto a su amigo Newton Lechuza y su alma gemela, Audrey Gacela.

NIVEL: **

Tamaño: 32 cm
(de pie, orejas incluidas)

Materiales:
– Hilo de algodón mediano (*worsted*) en:
 · visón
 · crudo
 · negro
 · coral
 · rosa pastel
 · rojo brillante
 · rosa salmón
 · amarillo
– Aguja de crochet de 2,75 mm
– Ojos plásticos de seguridad de 8 mm
– Vellón siliconado

Conocimientos necesarios:
anillo mágico (página 32), tejer a ambos lados de la cadena base (página 34), cambiar color al inicio de vuelta (página 35), tejer en hileras, dividir el cuerpo en 4 partes (página 158), bordar (página 38), unir partes (página 39), tapestry (página 36).

CABEZA

(comenzar con negro)
1v: Tejan un anillo de 6 mp [6].
2v: 1 aum en cada uno de los 6 mp [12].
3v: (1 mp, 1 aum) repitan 6 veces [18].
4v-5v: 1 mp en cada uno de los 18 mp [18].
Cambien a color crudo.
6v: 1 mp en cada uno de los 18 mp [18].
7v: (2 mp, 1 aum) repitan 6 veces [24].
8v-9v: 1 mp en cada uno de los 24 mp [24].
Cambien a color visón.
10v: 9 mp, 6 aum, 9 mp [30].
11v: 1 mp en cada uno de los 30 mp [30].
12v: 10 mp, (1 aum, 1 mp) repitan 6 veces, 8 mp [36].
13v-14v: 1 mp en cada uno de los 36 mp [36].
15v: 11 mp, (1 aum, 2 mp) repitan 6 veces, 7 mp [42].
16v-17v: 1 mp en cada uno de los 42 mp [42].
18v: (6 mp, 1 aum) repitan 6 veces [48].
19v: 18 mp, 1 aum, 10 mp, 1 aum, 18 mp [50].
20v-25v: 1 mp en cada uno de los 50 mp [50].
Coloquen los ojos de seguridad entre las vueltas 18 y 19, con un espacio de 18 puntos entre sí. Con rosa pastel, borden los cachetes bajo los ojos. Con crudo, borden pequeñas líneas blancas en el frente de la cabeza.
26v: 18 mp, 1 dism, 10 mp, 1 dism, 18 mp [48].
27v: (6 mp, 1 dism) repitan 6 veces [42].
28v: 1 mp en cada uno de los 42 mp [42].
29v: (5 mp, 1 dism) repitan 6 veces [36].
30v: (4 mp, 1 dism) repitan 6 veces [30].
31v: (3 mp, 1 dism) repitan 6 veces [24].

Rellenen la cabeza.
32v: (2 mp, 1 dism) repitan 6 veces [18].
33v: (1 mp, 1 dism) repitan 6 veces [12].
34v: 6 dism [6].
Corten dejando una hebra larga para cerrar los últimos 6 puntos. Con la aguja de tapicería, pasen por el medio de cada punto y ajusten hasta cerrar el agujero. Rematen.

CUERPO

(comenzar con visón)
Al comenzar la cadena, dejen una hebra larga para coser el cuerpo a la cabeza. Tejan 20 cad. Asegúrense de que la cadena no esté torcida y unan ambos extremos con 1 p enano. Continúen trabajando en espiral.
1v-2v: 1 mp en cada uno de los 20 p [20].
3v: 9 mp, 2 aum, 9 mp [22].
4v: 1 mp en cada uno de los 22 mp [22].
5v: 10 mp, 1 aum, 1 mp, 1 aum, 9 mp [24].
6v: 1 mp, 14 cad. Coloquen el marcador de puntos en el 1.er punto a continuación, ya que será el nuevo inicio de vueltas a partir de ahora. Insertando la aguja en el 2.º p desde la aguja tejan sobre la cadena, 1 aum, 12 mp, 1 mp sobre el mp donde inicia la cad base. Continúen sobre el cuello, 24 mp y sigan del otro lado de la cadena, 12 mp, 1 aum [53].
7v: 2 aum, 23 mp, 1 aum, 2 mp, 1 aum, 22 mp, 2 aum [59].
8v: (1 mp, 1 aum) repitan 2 veces, 52 mp, 1 aum, 1 mp, 1 aum [63].
9v: 1 mp, 1 aum, 2 mp, 1 aum, 25 mp, 1 aum, 3 mp, 1 aum, 24 mp, 1 aum, 2 mp, 1 aum [69].
10v: 1 aum, 4 mp, 1 aum, 58 mp, 1 aum, 4 mp [72].
11v-20v: 1 mp en cada uno de los 72 mp [72].

PATAS

Dividan el tejido para hacer las 4 patas de la siguiente manera:

Primera pata trasera
Primero, ubiquen el punto central en la parte trasera del cuerpo (donde estará la cola). De no encontrarse en ese lugar del trabajo, tejan o destejan hasta llegar a ese punto. Luego, tejan 2 mp. Coloquen un marcador de puntos en el siguiente punto. Tejan 10 mp, 8 cad. Unan la última cadena y el punto con el marcador haciendo 1 mp (o un p enano). De esta forma, la pata estará formada por 10 mp en el cuerpo y 8 p cad. Continúen trabajando la primera pata trasera:
1v: 1 mp en cada uno de los 18 p (10 mp en el cuerpo y 8 mp en la cad) [18].
2v-4v: 1 mp en cada uno de los 18 mp [18].
5v: 16 mp, 1 dism [17].
6v: 1 mp en cada uno de los 17 mp [17].
7v: 15 mp, 1 dism [16].
8v: 1 mp en cada uno de los 16 mp [16].
9v: 14 mp, 1 dism [15].
10v: 1 mp en cada uno de los 15 mp [15].
Cambien a color crudo.
11v: 13 mp, 1 dism [14].
12v: 1 mp en cada uno de los 14 mp [14].
13v: 12 mp, 1 dism [13].
14v: 1 mp en cada uno de los 13 mp [13].
Cambien a color negro.
15v: 11 mp, 1 dism [12].
16-17v: 1 mp en cada uno de los 12 mp [12].
18v: 6 dism [6].
Corten dejando una hebra larga para cerrar los últimos 6 puntos. Con la aguja de tapicería, pasen por el medio de cada punto y ajusten hasta cerrar el agujero. Rematen.

Primera pata delantera

Cuenten 12 puntos desde la primera pata trasera, hacia la izquierda (la separación entre las patas traseras y delanteras será la panza). Con color visón, retomen el tejido en el punto 13.
Tejan 10 mp, 8 cad. Unan la última cad y el punto donde se encuentra el marcador haciendo 1 mp (o un p enano).
1v-18v: Repitan el patrón de la primera pata trasera.

Segunda pata delantera

Cuenten 4 puntos desde la primera pata delantera, hacia la izquierda (la separación entre las patas delanteras). Con color visón, retomen el tejido en el punto 5.
Tejan 10 mp, 8 cad. Unan la última cad y el punto donde se encuentra el marcador haciendo 1 mp (o un p enano).
1v-18v: Repitan el patrón de la primera pata trasera.

Segunda pata trasera

Cuenten 12 puntos desde la segunda pata delantera, hacia la izquierda (el otro lado de la panza). Con color visón, retomen el tejido en el punto 10.
Tejan 10 mp, 8 cad. Unan la última cad y el punto donde se encuentra el marcador haciendo 1 mp (o un p enano).
1v-18v: Repitan el patrón de la primera pata trasera.

Panza

La panza se hace tejiendo una solapa pequeña en cada uno de los 2 espacios de 4 puntos entre las patas traseras y delanteras y una solapa grande en el espacio de 12 puntos a los costados.
Comiencen por el espacio de 12 puntos. Con color visón, retomen en el 1.er punto siguiente a la primera pata trasera (la primera pata que hicieron). Tejan en hileras, ida y vuelta.
1v-12v: 1 mp en cada uno de los 12 mp, 1 cad y giren [12].
Corten dejando una hebra larga para coser.

Solapa entre las patas

Para la solapa posterior, con color visón retomen en el 1.er punto siguiente a la segunda pata trasera. Tejan en hileras, ida y vuelta.
1v-4v: 1 mp en cada uno de los 4 mp, 1 cad y giren [4].
Corten dejando una hebra larga para coser.
Trabajen la solapa frontal de la misma manera.

Armado del cuerpo

Usando la aguja de tapicería, cosan la solapa frontal a ambas patas delanteras y la solapa posterior a ambas patas traseras.
Rellenen firmemente las 4 patas.
Cosan el lado más ancho de la solapa de la panza, punto por punto, al otro lado del cuerpo. Luego, cosan la solapa de la panza a las patas y las solapas entre ellas, rellenando el cuerpo a medida que cosan.
Si es necesario, y para que quede más firme, agreguen más relleno a la base del cuello antes de coser la cabeza.

COLA

(en visón)
1v: Tejan un anillo de 5 mp [5]
2v: 1 mp en cada uno de los 5 mp [5]
3v: 1 aum en cada uno de los 5 mp [10].
4v: 1 mp en cada uno de los 10 mp 10]
5v: (1 mp, 1 aum) repitan 5 veces [15].
6v: 1 mp en cada uno de los 15 mp [15]
7v: (3 mp, 1 dism) repitan 3 veces [12]
Corten dejando una hebra larga para coser.
Aplanen la cola antes de coserla.
No la rellenen.

GORRO

(en coral)
Tejan 40 cad. Tejan en hileras, ida y vuelta.
1h: Comiencen en el 3.ᵉʳ p cad desde la aguja, 1 pmv en cada uno de los 38 p, 2 cad y giren [38].
2h: 1 pmv en cada uno de los 38 pmv [38].
3h: 9 pmv, 6 cad, salten 6 p, 8 pmv, 6 cad, salten 6 p, 9 pmv, 2 cad y giren [38].
4h-6h: 1 pmv en cada uno de los 38 p [38].
7h: 18 pmv, 2 aum, 18 pmv, 2 cad y giren [40].
8h: 19 pmv, 2 aum, 19 pmv, 2 cad y giren [42].
9h: 10 mp, 22 pmv, 10 mp [42].
Al finalizar la última hilera, sin girar el tejido, tejan 1 cad, luego tejan alrededor de 12 mp en uno de los lados del gorro, tejan 1 cad. Continúen sobre la 1.ª hilera del gorro, 38 mp, tejan 1 cad. Continúen sobre el otro lado del sombrero, unos 12 mp. Doblen el gorro por la mitad y unan ambos lados haciendo 1 p enano flojo en cada uno de los puntos, tomando solo una hebra de cada lado (la hebra trasera de uno y la delantera del otro). Corten la hebra y rematen.
Con rosa salmón, hagan un pompón de 5 cm de diámetro.

OREJAS

(hagan 2 en visón)
1v: Tejan un anillo de 6 mp [6].
2v: 1 aum en cada uno de los 6 mp [12].
3v: 1 mp en cada uno de los 12 mp [12].
4v: (1 mp, 1 aum) repitan 6 veces [18].
5v-6v: 1 mp en cada uno de los 18 mp [18].
7v: (2 mp, 1 aum) repitan 6 veces [24].
8v-11v: 1 mp en cada uno de los 24 mp [24].
12v: (6 mp, 1 dism) repitan 3 veces [21].
13v-14v: 1 mp en cada uno de los 21 mp [21].
15v: (5 mp, 1 dism) repitan 3 veces [18].
16v-17v: 1 mp en cada uno de los 18 mp [18].
Corten dejando una hebra larga para coser.
Con crudo, borden líneas en el interior de las orejas. No las rellenen. Aplánenlas y dóblenlas antes de coser en la cabeza tomando en cuenta los espacios para las orejas del gorro.

MANTA

Nota: Para tejer la manta utilizo la técnica tapestry siguiendo el diagrama a continuación. También se puede tejer en un solo color o en un patrón a rayas.

(comiencen en crudo)
Tejan 31 cad. Tejan en hileras, ida y vuelta. Continúen en patrón cuadrillé utilizando la técnica *tapestry*, alternando crudo, rosa pastel y rojo brillante (vean diagrama).
1h: Comiencen en el 2.º punto desde la aguja, 1 mp en cada uno de los 30 p, 1 cad y giren [30].
2h-10h: 1 mp en cada uno de los 30 mp, 1 cad y giren [30]. Al finalizar la última hilera, sin girar el tejido y con color crudo, tejan una vuelta de p enano alrededor de toda la manta. Corten la hebra y rematen.

Cinta de la manta (en amarillo)
Tejan 24 cad. Tejan en hileras, ida y vuelta.
1h: Comiencen en el 2.º punto desde la aguja, 1 mp en cada uno de los 23 p, 1 cad y giren [23].
2h-4h: 1 mp en cada uno de los 23 mp, 1 cad y giren [23]. Corten dejando una hebra larga para coser. Cosan las puntas de la cinta a la manta.

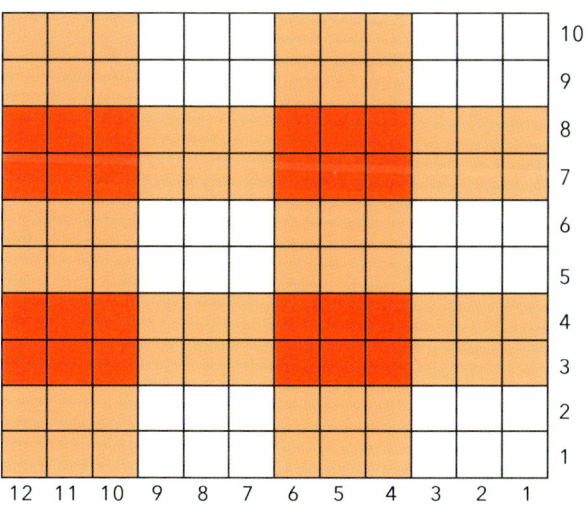

AGRADECIMIENTOS

Gracias a mi familia. Gracias a mis hijos, mis más fervientes admiradores y críticos más perspicaces. A Goros, mi esposo y mejor amigo, que me empuja a seguir adelante cada vez que quiero darme por vencida (un poco como un zumbido en mi cabeza, mi Pepito Grillo personal). También fue él quien me enseñó a configurar la cámara para tomar fotos relativamente decentes.
Gracias a Lucas, mi socio en esta nueva y delirante aventura de hacer hilos. Gracias por estar casi tan loco como yo, por ocuparte de todas las cosas que no me gusta hacer (como ser un adulto capaz de entender un negocio) y por confiar en mí.
Gracias a Joke y Dora, mis editoras de la versión en inglés, por seguir apoyando mis ideas, por escuchar todos mis caprichos y por hacer mis pensamientos un poco más legibles.
Gracias a Carmen, mi editora de la versión en castellano, que me acompaña siempre, se preocupa por mí, entiende mis tiempos y logra que desaparezca el océano que nos separa con sus dulces palabras.
Gracias a todas las testers que nos ayudaron a preparar los patrones para este libro, ver por primera vez uno de los muñecos terminados fue uno de los momentos más emocionantes y emotivos de todo el libro. En ese instante el libro se volvió "real".
¡Gracias por su valiosa ayuda!
Y, como nunca me voy a cansar de repetir, gracias a todas y todos ustedes que todavía están aquí, leyéndome, animándome, transmitiéndome su cariño, preocupándose por mis problemas y compartiendo fotos de sus seres queridos abrazando a sus maravillosas criaturas tejidas.
Millón de veces, gracias.